ロドリゲス日本大文典
の研究

Toshio Ogahara
小鹿原敏夫

和泉選書

序

　欧州の投資銀行で熾烈な金融業務を行ってきた小鹿原氏は、2005年からキリシタン資料の研究を始め、2007年には京都大学大学院に入学して、本格的な研究生活に入った。以来、きわめて集中した努力によって、僅か7年にして研究を結実させた。もともと文学的な興味が深く、多くの読書をしてきたという基礎があるとは言え、この集中力は尋常のことではない。

　寸秒を争う株式の世界で鍛えられた語学力があることと、西欧での長い生活によって、西欧式の思考法が身についていること、この二つがキリシタン語学研究の大きな力となり、通常の国語学者の及ばない、広く、且つ細部にわたる分析を行うことができたのである。近来、希有な人材である。

　本書の目次を見るだけでも、小鹿原氏の研究が基本的なところから始まっていることが分かる。欧州のラテン文法の流れを押さえ、その文法の枠組みを体得し、その感覚を

もってロドリゲスの日本語分析法を見直している。これは、ラテン語やポルトガル語だけではなく、日本語の文法にも詳しくなければできない作業である。しかも、このような文法の概念のずれや体系の齟齬を摘出するためには、それぞれの文法概念の範囲と定義を体系的に理解し、その二つの体系を比較しなければならないので、うんざりするような精神的な負担がある。中性動詞や条件法などは、両言語について自信をもって分析ができなければ、問題にもなしえないだろう。「主語」が思弁文法から導入されたものであるということなども、欧州の文化に対する広い知識がなければ、とても論じることはできないだろう。このような欧州文化の理解を基礎として、抽象的な体系を二つ比較する精神的な負担に耐えられる研究者は、土井忠生氏以来、ほとんどいなかったといってもよい。小鹿原氏が強靱な精神力と集中力を持っていることが分かる。希有な人材であるという所以である。

　日本のキリシタン研究では、カトリックの各宗派が世界に展開しながら、現地語についてどのように対処してきたかという点についても、あまり語られてこなかった。わずかに丸山徹氏によってインドの各言語に関する活動が報告されているくらいであろう。小鹿原氏の言及もまだそれほ

ど深いものとは言えないが、これからの発展の方向を示している。また、本書によって、西欧人が自分たちの文法概念に頼りながら、どのように日本語を分析して行くのかという点も見えてくるので、日本語文法研究にとっても重要な視点が提示されている。本書の価値の一つであろう。

　土井忠生氏の研究以来、ようやく現れた本格的な、深く且つ広いキリシタン語学研究の成果と、人生を大きく転換させ、学問に全身を預けた小鹿原氏のその志に敬意を表する。

　　2014年11月11日

　　　　　　　　　　京都大学大学院教授　　木田章義

目　　次

序……………………………………………………………………木田章義　1

第一章　宣教師文典としてのロドリゲス日本大文典

(1) 宣教師文典について……………………………………… 1
(2) 大文典とラテン文典について……………………………… 8
(3) 思弁文法学（Grammatica speculativa）について ………10
(4) ネブリハのラテン文典について……………………………13
(5) アルヴァレスのラテン文典について………………………16
(6) 大文典と天草版アルヴァレスのラテン文典について………20
(7) 大文典と小文典について……………………………………27
(8) まとめ：大文典巻Ⅰ・Ⅱにおける独創性とはなにか………29

第二章　大文典における文法記述について

(1) 大文典における語構成について……………………………35
(2) 大文典における品詞分類について…………………………38
(3) 大文典における動詞の法について…………………………41
(4) 大文典における「主格」と「主語」について……………43
(5) 小文典における「主格」と「主語」について……………54
(6) 宣教師文典における「主格」と「主語」について………64

第三章　大文典における語根について

(0) はじめに………………………………………………………69

(1) 大文典における語根と動詞の活用分類について……………70
(2) ラテン文典と語根について…………………………………73
(3) 俗語文典と語根について……………………………………76
(4) 新エスパーニャの文典と語根について……………………78
(5) 新エスパーニャの文典と大文典の共通点について………83

第四章　大文典における中性動詞について

(0) はじめに………………………………………………………91
(1) 形容詞から中性動詞へ………………………………………92
(2) 形容動詞から形容中性動詞へ………………………………95
(3) 「文法家（たち）」による中性動詞三分類………………100
(4) 大文典における絶対中性動詞とは何か……………………108
(5) おわりに……………………………………………………113

第五章　大文典の「条件的接続法」から小文典の「条件法」へ

(0) はじめに……………………………………………………121
(1) アルヴァレスのラテン文典（1572）と条件法について…123
(2) 天草版ラテン文典（1594）と条件法について……………125
(3) 大文典（1604）と条件法について…………………………133
(4) 小文典（1620）と条件法について…………………………135
(5) おわりに……………………………………………………139

第六章　大文典における「同格構成」と「異格構成」について

(0)　はじめに……………………………………………… 143
(1)　思弁文法における統語論について………………… 144
(2)　天草版アルヴァレスのラテン文典における intransitiva と transitiva…………………………………………… 150
(3)　大文典における transitiva と intransitiva ………… 155
(4)　おわりに……………………………………………… 162

第七章　大文典クロフォード家本について

(0)　はじめに……………………………………………… 167
(1)　大文典版本二部について…………………………… 168
(2)　クロフォード家本の伝来について………………… 169
(3)　クロフォード家本の書入について………………… 173
(4)　おわりに……………………………………………… 179

付章　『コリャード日本文典スペイン語草稿本』について

(0)　はじめに……………………………………………… 185
(1)　大英図書館蔵スペイン語草稿本『八品詞による日本文典』（S本）について………………………………… 186
(2)　S本とL本に関するこれまでの研究……………… 187
(3)　S本以外の『八品詞による日本文典』について… 189
(4)　L本へのネブリハの影響について………………… 192

(5) L本における不規則動詞について……………………… 195
(6) L本における第一活用動詞と第二活用動詞の混用について
　　　………………………………………………………… 198
(7) S本とL本における大文典からの範例文引用の相違…… 202
(8) S本とL本の関係についての考察……………………… 205
(9) おわりに………………………………………………… 208

付　キリシタン資料について………………………………… 215

初出について………………………………………………… 225
参考文献……………………………………………………… 226
あとがき……………………………………………………… 233
précis　英文梗概…………………………………………… 235

第一章　宣教師文典としてのロドリゲス日本大文典

（1）宣教師文典について

　長崎で日本イエズス会より出版された『日本大文典』*Arte da Lingoa de Iapam*（1604）（以下「大文典」と略す）は同じく長崎刊の『日葡辞書』*Vocabulario da Lingoa de Iapam*（1603）とならぶキリシタン宣教師による日本語研究の金字塔である。大文典は全世界で二部が現存している。一部はオックスフォード大学ボードリアン図書館蔵であり、もう一部はスコットランドのクロフォード侯爵家蔵である。さらに十九世紀フランスの東洋学者パジェス（Léon Pagès）がクロフォード侯爵家本を筆写させた写本がある。

　大文典の著者ジョアン・ロドリゲス（Joam Rodriguez 1561頃〜1633）はポルトガル中部の山岳地帯ベイラ地方に生まれ、後に日本とマカオで活動したイエズス会司祭である[1]。天正五年（1577）に日本に来るまでのロドリゲスの経歴は不明であるが、若年で日本に到着していることから本国で高い教養を身につける機会はなかったようだ。天正八年（1580）にイエズス会に入り、臼杵の修練院、府内のコレジオを経て八良尾セミナリオのラテン語教師となったと伝えられる。文禄五年（1596）に司祭となる。当時日本に滞在していたイエズス会士のなかで最も日本語に習熟していたといわれ、豊臣秀吉、徳川家康を含む重要人物との外交

交渉に関与したことでロドリゲス・ツズ（通事）と呼ばれた。また慶長三年（1598）からは日本イエズス会の財務担当役という重責を担ったことでも知られる。

しかし家康によるキリシタン禁制（1612）の前、慶長十五年（1610）にマカオに転出した。そして元和六年（1620）にロドリゲスはマカオで彼にとって第二の日本語の文典、『日本小文典』*Arte Breve da Lingoa Iapoa*（1620）（以下「小文典」と略す）を刊行した。ロドリゲスの著した二つの文典は彼ひとりの業績ではなく、天文十八年（1549）にザビエルが来朝して半世紀、日本イエズス会士が営々と積み重ねた努力と精進の賜物であるといえる。ロドリゲス自身も先輩の宣教師が残した日本語に関するいくつかの覚書と日本人の協力者から恩恵を受けたと記している（大文典 iii-iiiv）。

十五～十七世紀前半の大航海時代においてカトリックの修道会（イエズス会、フランシスコ会、ドミニコ会、アウグスチノ会）は、世界布教のための宗教活動だけではなく、ポルトガル、スペインの王権の代理として外交、貿易の折衝役、または現地において荘園の経営のような経済活動にも従事していた。このような会士たちによる世俗的な活動は宗教的な活動と表裏一体をなしていた。そして日本のみならず、世界各地で宣教師たちは現地の言葉を学び、主禱文の現地語訳に始まり、現地語の教義書、文典、辞書を制作した。そのなかでは翻訳しにくい言葉を本語（例えば日本における「あにま」（Anima 霊魂）、「くるす」（Cruz 十字架）など）として使用としたが、できるだけ現地の言葉に翻訳して布教しようという精神があった。これはイスラム教ではアラビア語

で書かれた聖典の本文そのものに宗教性を認めるので、他の言語に翻訳された本文は祈りを唱えるといった宗教的な行為に使用することができないのとは対照的である。したがってイスラム教徒が自分たちの宗教を異教徒に布教しようとすれば少なくとも宗教の場においてはアラビア語を強制せざるを得ない。しかし大航海時代のキリスト教徒は政治的、経済的に現地の人々を蹂躙していた中南米においてさえ自国語（スペイン語、ポルトガル語）またはラテン語の使用を押しつけようとしなかった。中南米で現地民に対するスペイン語やポルトガル語の使用が強要されるようになるのは十八世紀になり、ポルトガルやスペインの支配力が弱体化してからのことである。大航海時代に日本に来たキリシタン宣教師も同様に日本の言葉を学び、それによって宣教する方針を取った。

　キリスト教の宣教師が未知の地に進出して、布教活動のために初日から必要とされたのがその未知の地の言葉で唱える主禱文（主の祈り）であった。日本イエズス会が教義書として出版した『どちりなきりしたん』でも主禱文「ぱあてるのすてる」（Pater Noster）を唱える時は「てんにましますわれらが御おや御名をたつとまれたまへ、御代きたりたまへ…」と唱えるよう日本語の文言を指定している[2]。後に禁教下で日本人の潜伏信者たちが片言のラテン語で祈りを唱えていたのは宣教師の指示によるためではなく、異教徒からキリシタン信仰を隠すためであった。

　このようにキリスト教徒が現地語を尊重したのは神学的な動機が大きいと考えられている。当時の宣教師の言語観には「バベルの塔」（旧約聖書、創世記11）で記された世界共通言語の喪失が「五旬節（ペンタコスタ）の奇蹟」（新約聖書、使徒行伝2）に

よって救われたという信仰が大きな影響力を持っていた。この結果、世界中のどのことばを通じても神の福音を伝えることができるようになったという確信が根づき、それが世界中のことばを使って福音を広めるべきであるという義務感につながった。

宣教師たちにとって言語の序列とは、バベルの塔が瓦解する以前の全世界共通語に近いと考えたヘブライ語とそれにギリシア語、ラテン語を加えた三つの聖なる言語が上位にあり、下位には俗語としていわゆる個々の話し言葉（スペイン語、ポルトガル語など）があった。そして大航海時代に彼らが出会った未知の言語も同様にバベルの塔の瓦解以前の祖語につながっていると考えていた。つまり「バベルの塔」とその救済はキリスト教徒にとってすべての言語に通底する普遍文法の存在を確信する神学的根拠となった。このような理由で大航海時代の宣教師たちは現地の人々の言語を習得し、現地語によって布教することにこだわったのである[3]。また現地語の研究過程においてキリスト教徒は西洋の表記法を使って辞書と文典を制作したことで、南北アメリカの文字のなかった社会にラテン文字による文字表記の手段を与えたという大きな副産物もあった。

日本ではイエズス会巡察使ヴァリニャーノが天正十八年（1590）にヨーロッパから活字印刷機を持ち込み、それまでの日本語研究や教義書を総集成し、主として九州でローマ字本、国字本の書物を刊行した。これらはキリシタン版と呼ばれる。宣教師たちは懺悔を聞く役目と、説教をする役目を成就するために日本の教養人が話す上品な日本語を規範として採用した。またローマ字で書かれている資料は当時の日本語の発音を示す資料として評価されている。

対象言語(出版年)	著者
アラビア語(1505)	Pedro de Alcalá
エチオピア語(1552)	Mariano Vittorio da Rieti
タラスコ語(1558)	Maturino Gilberti(フランシスコ会士)
ケチャ語(1560)	Domingo de Santo Tomás(ドミニコ会士)
ナワトル語(1571)	Morina Alonso de(フランシスコ会士)
ナワトル語(1595)	Rincón, P.Antonio(イエズス会子)
トゥピ語(1595)	Joseph de Anchieta(イエズス会士)
日本語(1604)=<u>日本大文典</u>	Joam Rodrigues(イエズス会士)
タガログ語(1610)	Francisco de San José
マライ語(1612)	Albert Corneliszoon Ruyl
トルコ語(1612)	Jerome Megiser
ペルシャ語(1639)	Ludovicus de Dieu
グラワニ語(1640)	Antonio Ruyz de Montoya
ナワトル語(1645)	Carochi P.Horacio(イエズス会士)
ベトナム語(1651)	Alexandre de Rhodes(イエズス会士)
コンゴ語(1659)	Giacinto Brusciotto
マサチューセッツ語(1666)	John Eliot(プロテスタント派宣教師)
ジョージア語(1670)	Francisco-Maria Maggio
中国語(1703)	Francisco Varo(ドミニコ会士)
ウルドゥー語(1741)	B.Schulzius
イヌイット語(1760)	Paul Egede(プロテスタント派宣教師)
クレオール語(1770)	Jochum Magens
ベンガリ語(1778)	Nathaniel Brassey Halhed
クルド語(1787)	Maurizio Garzoni(イエズス会士)
マオリ語(1820)	Thomas Kendall(プロテスタント派宣教師)
クリー語(1844)	Joseph Howse
サラマカン語(1844)	Helwig van der Vegt

(Law2003：219を参考に作成。聖職にあった著者は明記した)

　上の表は、十六世紀初頭から十九世紀までに作成された主な文典とそれらが対象とした言語である。探検家や商人もふくまれるが、これらの著者の多くはキリスト教の宣教師であった。ロドリ

ゲスの大文典もこのような宣教師文典のひとつに他ならない。日本イエズス会はポルトガル王権に援助されており、彼らが中心となり日本語に関する精緻な研究を行ったのである。

この表にあるほとんどの文典はラテン文典をモデルにして編まれている。東西ローマ帝国の分裂以後の西洋中世では、古代の聖なる三言語「ギリシア語、ヘブライ語、ラテン語」のうちラテン語が宗教生活と知的活動の言語として圧倒的優位を占めるようになっていった。十五世紀には東ローマ帝国の没落にともないルネッサンスが到来すると、ようやくギリシア語、ヘブライ語の復権が始まっていたものの大航海時代に海外に向かった多くの宣教師にとってラテン語は依然唯一の文法体系をもつ言語であった。

土井博士は以下のように指摘している。

> ラテン文法の範疇によりラテン文典の組織に則って新たに発見された国語の文典を著すことは中世におけるヨーロッパ文法家の常套手段であった。ロドリゲスがその「日本文典」でラテン的説明法を持ったのもその流儀に従ったわけであるが、それを以て理想としたのではなく、単なる便宜に出たものと解される。それは実用文典としては許されてもよいことであった。（土井忠生「吉利支丹日本語学の特質」柳田1980：47）

当時、西洋人にとって万人が認める文法という体系を持つのがラテン語しかなかったのであるから、これをすべての言語を分析

する枠組みとして利用したのは自然な事であった。日本イエズス会が日本語文法を記述する際に一番の手本としたのは、当時のイエズス会において標準的ラテン語教本とされていたアルヴァレスのラテン文典であったことは間違いないとみられている。これには天草で出版されたキリシタン版 Alvarez（1594）があり、その一部には和訳も添えられている。土井博士は大文典におけるラテン的と日本的な立場を指摘して以下のように述べた。

> 長崎版日本大文典は、文法範疇の立て方は勿論のこと、全体を3巻に組織することも、アルヴァレスのラテン文典を基準としている。文法範疇を始め文法の基本的概念に関しては、アルヴァレスの学説用語を遵守する立場を守り、それは全巻を通じて一貫している。それと共に文法現象は飽迄も日本語の事実を尊重する態度を堅持して常に変るところがない。言わば、ラテン的と日本的との二元的立場を併せ採ったところにロドリゲスの特色がある。ただこれら二つの立場をどのような形式で組合わせて調和させるかという点で前後同じではない。すなわち、前半はラテン的立場が表面に強く現われ、後半は日本的立場が次第に強化され、それを中心にまとめて行く方向へ進んでいる。（日本大文典1976：495-6　解題土井忠生）

　大文典はラテン的要素が強い前半と日本的要素が強い後半に二分できるという指摘には納得できる。しかし大文典におけるラテン的立場の影響をアルヴァレスのラテン文典だけに限定するのは早計であろう。なぜならば大文典巻Ⅰ・Ⅱにみられる日本語の文

法に関する記述には、アルヴァレスのラテン文典以外の影響もみられるのである。

なお本論文における大文典の邦訳は断りが無い限りは土井忠生博士訳『ロドリゲス日本大文典』（土井1955）を使用する。但し大文典の頁として表示されたものは原著（大文典1604）に基づく。

(2) 大文典とラテン文典について

十六世紀のヨーロッパで広く用いられた二つのラテン文典はいずれもイベリア半島で書かれたものであった。その一つはポルトガル出身のイエズス会士であったアルヴァレス（Manuel Alvares 1526〜1582）が書いたラテン文典 *De Institutione Grammatica libri tres*（Lisbon 1572初版）であり、もう一つはスペインの人文学者ネブリハ（Antonio de Nebrija 1444〜1522）が書いた *Introductiones Latinae*（Salamanca 1481初版）である。

ラテン文典の歴史からみた場合、ネブリハとアルヴァレスのラテン文典に対する共通の評価は、どちらも実用的なラテン語習得を目的としたラテン語教本ということである。中世末期には思弁文法とよばれるラテン文法を哲学の延長として論じるスタイルが流行したが、両書はそのような思弁的な議論を避け、その本文は実用的な文法の記述を優先している。これはルネッサンス（文芸復興）の精神に基づき、アリストテレス哲学と文法を結びつけた中世の難解で思弁的な文典よりも、ギリシア・ローマの古典作品を読解するための実用的な文法書を時代が要請したからとみられる。

イエズス会の教育機関では最初1572年にリスボンで出版されたアルヴァレスのラテン文典を標準的な教本として採用した。この

アルヴァレスのラテン文典(『ラテン語の教程、三巻本』*De institutione gramatica libri tres*)はヨーロッパ各国で重版され、十九世紀に入ってもイタリアやフランスなどでラテン語教育の現場で活躍した。天草版を含め、十九世紀末までに五百三十版を重ねた(Springhetti 1960〜1961:304)。日本における天草版アルヴァレスのラテン文典(1594)の出版はヨーロッパ以外では1579年のメキシコ版に続く早さである。これをみてもイエズス会が日本の布教事業をいかに重視していたかがわかる。

　ネブリハのラテン文典が大文典の成立に果たした役割はアルヴァレスのラテン文典に比べれば小さかったようだ。しかしながらキリシタン時代の日本イエズス会士にはスペイン出身者も少なくはなかったのでスペイン出身の著名な人文学者としてネブリハの名はよく知られていたことは間違いない。それは大文典の中性動詞の論において Manoel Aluarez とならんで「文法家」として Antonio の名が引用されていることに現れている(大文典:69)。

　最後に大文典が思弁文法から受けた影響を無視することはできない。中世末期(1270頃〜1350頃)の思弁文法学は、ネブリハとアルヴァレスの文典が否定的であったものであるが、アルヴァレスは例外的に思弁文法から同格・異格構成の考えを取り入れており、これは大文典にも引き継がれている。また大文典に形式的な「主格」と異なる意味論的な「主語」が用いられているのは思弁文法からの摂取であったとみられる。しかし日本のイエズス会士がどのような思弁文法の文典を参照したかについてはまったく手掛かりはないので、本論文では特定の文典に関してではなく全般的な記述に留まる。

本章の（3）節から（5）節までは大文典に影響を与えたラテン文典について、時代順に概説する。

(3) 中世末期の思弁文法学
(4) ネブリハのラテン文典
(5) アルヴァレスのラテン文典

(6) 節では大文典と天草版アルヴァレスのラテン文典について、(7) 節では補説として小文典に関して論じる。

(3) 思弁文法学（Grammatica speculativa）について

長い西洋の中世を通じて、ラテン語の標準的な文典といえばドナトゥス（Aelius Donatus AD350頃）とプリスキアヌス（Priscianus AD500頃）によるとされた写本か、それらに対する莫大な量の注釈書のことであった。この状態は中世末期まで続いた。古代から中世を通じて文法学と哲学の一部門である論理学はまったく別の学問とみなされていたので、伝統的なラテン文典はことばに関する哲学的な思索を排した実用的な教育のための文法書であった。

西ヨーロッパにおいてアリストテレスの著作の一部は六世紀初頭にはじめてラテン語に翻訳された。そして中世も末期になって十二世紀から十三世紀にかけてそれまで翻訳されていなかったアリストテレスの多くの著作のラテン語訳が現れた（Dod 1982：74-79）。このとき特に『自然学』のラテン語訳に触発されて、文法学を哲学（論理学）と結びつけて解釈しなおすことが十三世紀末から十四世紀の中葉まで盛んに行われるようになった。そして

そのような作業に没頭した文法学者は様態論者（Modistae）と呼ばれた。彼らは文法学もアリストテレスの論理学の一分野であると確信し、ことばはそれ自体で存在しているのではなく現実の事物とそのあり方（様態）とつながっていると主張した。また様態論者は専らラテン語を通じて思弁文法を論じ、ラテン文法は普遍文法であるということを疑わなかった。

　もうひとつの思弁文法に基づく文典の特徴は、説明した文法事項を示すのに実際の作品から文例を渉猟するのではなく、「ソクラテスは走っている。」Socrates currit. や「白いソクラテスはよく走っている。」Socrates albus currit bene. のようにつくられた用例を使用することである。このことは思弁文法にとって言語とは古典作品によって示された慣用の集積ではなく、現実の事物に直接つながったもの、すなわち様態であると考えたことに起因する。

　しかし様態論者による思弁文法学の隆盛は短命であった。その大きな理由は十四世紀中葉以降、西洋哲学において唯名論者が優位に立ち、思弁文法学の依って立つアリストテレスの実念論が下火になってしまったことである。また時代が下り、十五世紀の大航海時代が到来すると、西洋人は次々に彼らにとっての未知の言語を発見した。そしてそれらが普遍文法であるはずのラテン語文法の枠組みでは説明できないことが多々あることに遭遇した。さらにギリシア・ローマの古典作品が再発見され、これらを研究することでラテン語も最初から完成された言語ではなく、他の言語と同じようにその語彙、語法は発展、変化してきたことがわかった。このように思弁文法が衰退すると、再びラテン文法の主流はドナトゥス、プリスキアヌスの実用文法に回帰した。これが基本

的にアルヴァレスとネブリハの文典の態度である。

　比較的短い間（AD1270頃～1350頃）までの活動であったが、それでも思弁文法家（様態論者）は真偽を判断する命題「主語－述語」という論理学の用語を最初に文法学に持ち込んだことでその後の西洋における文法学に影響を与えた。

　代表的な思弁文法の文典にエルフルトのトマス（Thomas von Erfurt）による『表示の諸様態あるいは思弁文法学について』*De Modis significandi sive Grammatica Speculativa* がある。これは1300年ごろに成立したといわれているが、長い間スコットランドの神学者ドゥンス・スコトゥス（Duns Scotus 1266頃～1308）の著書とされてきた。二十世紀の哲学者マルティン・ハイデッガー（Martin Heidegger 1889～1976）が同書をスコトゥスの著書として教員資格論文（1916）のなかで論じているのはよく知られている。

　思弁文法家であるトマスは目的語をとらない Socrates currit.（ソクラテスは走っている。）のような同格構文を論理学の用語である主語－述語（suppositum － appositum）を使って以下のように定義している。

> Iuxta quod notandum est,quod cum constructio intransitiva actuum sit constructio suppositi cum apposito,...（Bursill-Hall 1972：286）
> 　まず第一に注意すべきは能動の同格構文（constructio intransitiva）とは主語（suppositum）と述語（appositum）が結合した構成である…（私訳）

実際 Soctares currit.（ソクラテスは走っている。）のような単純な文であれば主語＝ Socrates、述語＝ currit（走っている）と分析する他はないが、いったいトマスが述語（appositum）というときに補語となる目的語を含んでいたのかどうかはよくわからない。しかしながら多くの思弁文法家は述語（appositum）を動詞（verbum）と同一視していたことが Bursill-Hall（1971：61）によって指摘されている。

十三世紀の思弁文法以前の文法学では主語−述語（suppositum − appositum）のような論理学の用語がラテン文典に用いられることはなかった。そのかわりにラテン文法では伝統的に動作主（persona agent）と被動体（persona patienti）という機能的な概念があった。そしてその「動作主」の行為が他に及ぶ場合とその「動作主」自身に留まる場合もあると分析したことはよく知られている[4]。しかし思弁文法にみられる文の中で焦点として「語られる当のもの」としての主語という概念は新しいものであった。なぜならば、伝統的に文法学は論理学が問題とする命題の真偽といった価値判断や、何が語られる対象であるかというような意味論的内容には関与しないものであったからだ。

ロドリゲスの大文典にはアルヴァレスやネブリハの文典から逸脱し、思弁文法の用語「主語」（ポルトガル語で supposto あるいは suposto）を使った部分がある。これはアルヴァレスのラテン文典にはみられないので、日本イエズス会士が日本語を研究する際に独自に思弁文法を受容した特殊な例と考えられる。

(4) ネブリハのラテン文典について

これまで筆者の管見に触れたネブリハのラテン文典（*Intro-*

ductiones Latinae）は以下のようである。

　Nebrija（1481）：サラマンカ版（初版. サラマンカ大学出版影印版1981）
　Nebrija（1488）：ラテン語・スペイン語対訳版（Nordus Publikationen 1993）
　Nebrija（1540）：グラナダ版（米国議院図書館蔵）
　Nebrija（1558）：グラナダ版（米国議院図書館蔵）

　エリオ・アントニオ・デ・ネブリハ（Elio Antonio de Nebrija 1444～1522）はスペインのセビリアの生まれであるが、サラマンカを経て二十代の十年をイタリアのボローニャ大学で研鑽を積んだ人文学者である。彼がサラマンカで著したラテン文典（初版1481）はスペインだけではなく、イタリア、フランスなどでも重用され版を重ねた。

　このネブリハのラテン文典に関する書誌学的研究（Salor 2008）によると筆者は未見のヴァレンシアで出版された第二版（1491）が、それ以降のネブリハのラテン文典の完成した姿を示しているという。それは筆者がNebrija（1540）、Nebrija（1558）で確認したように、五巻本で各頁は実用的な文法事項を説明した本文を真ん中に据え、その周囲をネブリハ自身の手による綿密な注釈で囲むというスタイルである。ネブリハのラテン文典はラテン語・スペイン語対訳版（Nebrija 1488）を省けば、本文、注釈の全てがラテン語で記されている。

　ネブリハのラテン文典の各巻の内容を整理すると次のようになる。

巻Ⅰ．名詞と動詞の活用と品詞論の初歩
　　①名詞の曲用
　　②動詞の活用
　　③品詞論の初歩
巻Ⅱ．様々な名詞の曲用や動詞の活用を暗記するための唱和句
巻Ⅲ．基本的な文法事項に関する問答形式の説明
　　①文法の定義
　　②文法の四分野
　　　—正書法
　　　—韻律論
　　　—品詞論
　　　—統語論
巻Ⅳ．統語論
巻Ⅴ．韻律論

　大文典の構成は三巻構成であり、ネブリハのラテン文典の五巻構成とは異なるので、むしろ次に述べるアルヴァレスのラテン文典の三巻構成を下敷きにした可能性が高い。
　ネブリハには最初の本格的な俗語文典（ラテン語以外の話し言葉の文典）といわれるカスティリア語文典（Nebrija 1492）の著書がある。しかし時のカスティリア国王であったイザベル一世に「言語は帝国の朋友」という言葉とともに捧げられたこの文典は、十六〜十七世紀には彼のラテン文典ほど流布しなかった。スペインが植民地においてスペイン語（カスティリア語）を公用化し、現地民にその使用を強要するようになるのは十八世紀になってか

らであった。

　ロドリゲスの母語であるポルトガル語に関しても、ネブリハに倣って書かれたオリベイラによるポルトガル語文典（Oliveira 1536）とバロスのポルトガル語文典（Barros 1540）がある。しかし大文典においてカスティリア語文典や、これらポルトガル語文典を参照したという直接の証拠はみつけられない。しかしネブリハがラテン語の伝統的な八品詞説から逸脱し、カスティリア語文典（Nebrija 1492）でカスティリア語に十品詞を認めたことは、ロドリゲスが大文典において十品詞を設定することを後押しした可能性はあるだろう。

(5) アルヴァレスのラテン文典について

　アルヴァレス（Manuel Alvares 1526〜1582）はポルトガルのマデイラ島に生まれ、エヴォラで没した古典学者である。1546年にイエズス会に入り、ポルトガルのコインブラとエヴォラの大学で古語を教えた。アルヴァレスのラテン文典は1572年の出版間もない時期からイエズス会士の標準的ラテン文典として扱われていた。そしてネブリハのラテン文典と並んで十六〜十九世紀初頭の間は教育の場で最もよく用いられるラテン文典として版を重ねた。

　これまで筆者の管見に触れたアルヴァレスのラテン文典は以下のようである。

Alvarez（1572）：リスボン版（アジュダ文庫蔵（大塚光信氏
　　蔵写真版ファクシミリ））
Alvarez（1594）：天草版（アンジェリカ図書館蔵）

Alvarez（1595）：ローマ版（ケンブリッジ大学図書館蔵）
Alvarez（1599）：エボラ版（大英図書館蔵）
Alvarez（1642）：ベルガモ版（大英図書館蔵）

　天草版 Alvarez（1594）は上記のローマのアンジェリカ図書館以外ではポルトガルのエヴォラ公立図書館蔵に一点が現存しているのみである。アルヴァレスのラテン文典はネブリハの五巻構成とは異なり三巻構成である。それらは以下に大文典との比較で詳しく提示するが、おおまかには、巻Ⅰ．名詞の曲用、動詞の活用、巻Ⅱ．品詞論、統語論、巻Ⅲ．韻律論となっている。

　さらにキケロなどの古典作品から多くの例文を引用し、リスボン版 Alvarez（1572）は簡単なポルトガル語の訳注もあるが、文法の説明のすべてがラテン語で記された270丁（縦19.5cm 横14.5cm）にわたる大著である。アルヴァレスのラテン文典では、思弁文法の文典にみられるように文法事項の説明に都合良くつくられた例文を示すのではなく、出典を明らかにした実際の古典作品からの引用が例示される。これはルネッサンス期のラテン文典の先鞭をつけたワロー（Lorenzo Vallo 1407～1457）によって主張された「文法とは慣用である」という「慣用」（ラテン語 consuetudo）に対する強いこだわりにアルヴァレスは強い影響を受けていたことを表している[5]。

　またアルヴァレスは中世末期の思弁文法で使われた異格構成（transitiva）と同格構成（intransitiva）という用語をその統語論で採用している。しかしアルヴァレスは思弁文法家のようにこれらの用語を哲学的に説明することはなく、形式的なものとして扱っている。これは大文典でも踏襲されている。

天草版 Alvarez（1594）はヨーロッパで出版されたラテン文典を日本人向けの抄略本として作りなおしたものであるという評価は正しくない。ヨーロッパでも著者の没後に重版されたアルヴァレスのラテン文典では初学者に不要と思われる詳細な解説や注解が省かれることが多かった。天草版の分量がリスボン版 Alvarez（1572）と比較して四割程度少なくなっているのは主として本文に付け加えられた膨大な注解を省略しているからである。つまり初版であるリスボン版 Alvarez（1572）の本文にあるすべての文法項目は天草版においても忠実に網羅されているのである。それは日本人にはとても難解であったと思われる「ギリシア語・ヘブライ語起源のラテン語動詞について」（天草版 Alvarez 1594：243r）まで含まれる。これは天草版 Alvarez（1594）は日本人に初歩的なラテン語の手ほどきをする目的だけで出版されたのではなく、来日していた叙階前のポルトガル人やスペイン人までを対象とした本格的なラテン語の教則本であったことを示していると考えられる。

　またヨーロッパでもアルヴァレスのラテン文典には編集者によって適宜、各国語訳が付け加えられることがあった。例えば次のようにローマ版 Alvarez（1595：42）ではラテン語存在動詞（sum）の直説法現在形の人称変化に対しイタリア語訳が人称代名詞とともに付け加えられている。

（ラテン語）　　（イタリア語）
Sum　　　　　Io sono　　　　　（私は～である）
Es　　　　　　Tu sei　　　　　　（あなたは～である）
Est　　　　　 Quello è　　　　　（彼は～である）

第一章　宣教師文典としてのロドリゲス日本大文典　19

Plur.Sumus	Noi siamo	（私たちは〜である）
Estis	Voi siete	（あなたたちは〜である）
Sunt	Quelli sono	（彼らは〜である）

　天草版 Alvarez（1594）の正式の表題は『（ラテン）文法の三巻からなる教程、日本語の翻訳を活用変化に附す』*De Institutione Grammatica Libri Tres, Coniugationibus accessit interpretatio Iapponica* である。同書は170丁あるが、日本語訳や日本語の語例が示されているのは4丁表から62丁裏までの名詞と規則動詞の活用の項目だけである。しかし実際そこには日本語だけでなくポルトガル語による訳も添えられている。したがって天草版アルヴァレスはラテン語を学習する日本人とポルトガル人の両方を対象としていたことが分かる。

　例えば上にローマ版 Alvarez（1595）と同じラテン語の存在動詞 sum の直説法現在形の活用はラテン語、日本語、ポルトガル語が併記され、次のように示されている（天草版 Alvarez 1594：12v）。

(ラテン語)　　(日本語)　　　　　　　　(ポルトガル語)
Sum　　　　　Vare　　　　　　　　　　Eu sou/estou
Es　　　　　　Nangi　　　　　　　　　Tu es/estas
Est　　　　　Are　　　─Dearu/yru─　Elle he/esta
Plu.Sumus　　Varera　　　　　　　　Nos somos/estamos
Estas　　　　Nangira　　　　　　　　Vos sois/estais
Sunt　　　　　Arera　　　　　　　　　Elles sam/estaó

存在の意味を持つ二つの日本語の動詞のうち、「である」にはポルトガル語の存在動詞 ser をあて、「居る」に対してはポルトガル語の存在動詞 estar をあてて区別している。翻訳者は「である」と「居る」を比べた場合、「である」の場合は恒久的で、「居る」の場合は状況的な表現であると理解していたことがわかる。そしてこの活用表を日本語訳に焦点を当てて見直すと大文典巻Ⅰに展開されている日本語の名詞と動詞の活用論の雛形となる。

(6) 大文典と天草版アルヴァレスのラテン文典について

大文典はアルヴァレスのラテン文典と同様に三巻から成る。次は大文典の認可状や緒言を省いた主たる項目を以下に列挙した。そしてそれらに天草版アルヴァレスのラテン文典（Alvarez 1594）の対応部分を合わせて提示した。

〔**大文典と天草版アルヴァレスのラテン文典との対照表**〕
第Ⅰ巻（第1丁〜82丁）
【名詞と動詞の活用について】

大文典	Alvarez(1594)巻Ⅰ
(1)実名詞及び原形代名詞の全部に通ずる転尾	(4)名詞の曲用、(8v)代名詞の変化
(2v)一般の話しことばに用ゐる存在動詞の活用	(12v)動詞活用について
(6v)動詞の活用に就いて	
(7)話しことばに用ゐる肯定第一種活用	(17v)直説法一種活用
(7v)直説法に就いて	

(8)単純動詞、即ち語根 Ague（上げ）に就いて	
(13)命令法の現在	(18v)命令法
(14v)希求法	(19)希求法
(15v)接続法	(20v)接続法
(17)日本語及び葡萄牙語に固有な別の接続法	
(18v)条件的接続法に就いて	
(19v)可能法	(22)可能法
(20)許容法、又は、譲歩法	(21v)譲歩法
(21)不定法	(23)不定法
(23)動詞状名詞に就いて	(24v)動詞状名詞
(23v)Vm に終る目的分詞	(25)目的分詞
(23v)分詞	(30)分詞
(23v)分詞、即ち Aguete（上げて）の形に就いて	
(24v)話しことばに於ける肯定第一種活用	
(25)否定第一種活用	
(28)'イ'に終る動詞で第一種活用の構造に準ずるもの	
(28v)話しことばに於ける肯定第二種活用	(30v)第二種活用
(31v)話しことばに於ける否定第二種活用	
(33v)話しことばに於ける肯定第三種活用	(38)第三種活用

(36v)話しことばに於ける否定第三種活用	
(38v)書きことばの活用	
(45)話しことばに於いても書きことばに於いても、時・法・数・人称の或ものを欠く欠陥動詞	(67v)欠陥動詞
(47)変格動詞、又は不規則動詞に就いて(形容動詞)	(62v)変則動詞
(49v)話しことばに使ふ形容動詞の否定活用	
(51)Na(な)、又は、Naru(なる)に終る形容動詞の活用	
(51v)書きことばに使ふ形容動詞の肯定活用	
(52)書きことばに使ふ形容動詞の否定活用	

【日本語品詞論】

(55)綴字法に就いて	
(52v)存在動詞 Soro(そろ)、又は Sōrō(候)の活用	
(58)日本語の品詞に就いて	(70)品詞分類
(58v)日本語ですべてのものを呼び分ける'こゑ'と'よみ'の二種類に就いて	
(59)名詞に就いて	(78v)名詞の種類、(82)名詞の曲用
(59v)実名詞の種類とその構造に就いて	
(61)形容名詞に就いて	

(64v)形容詞の種々なる種類に就いて	
(65v)関係詞に就いて	(70-77)品詞分類
(67)代名詞に就いて	
(68)動詞に就いて	
(73)分詞に就いて	
(73)後置詞に就いて	
(73v)副詞に就いて	
(76)感動詞に就いて	
(76v)接続詞に就いて	
(77)助辞に就いて	
(78)品詞の属性に就いて	

第Ⅱ巻（第83丁～183丁）
【日本語品詞の統辞論】

(83)'こゑ'と'よみ'の品詞排列に就いて	
(83v)同格構成に就いて	(93)同格構成
(83v)主格に立つ語と動詞と動詞の格に立つ語との排列	
(84)連続した句相互間の順序	
(86)主格語と動詞に就いて	
(87v)この国語に於ける関係詞を葡語で言ひ換へる方法に就いて	
(88v)質問と応答に就いて	
(90v)形容名詞'生'	

(90v) 'アい'、'エい'、'イい'、'オい'、'ウい'、'な'、'なる'の綴字に終る形容動詞の構成	
(93v) 名詞の異格構成に就いて	(96v.102) 名詞の異格構成
(96) 動詞の異格構成	(106) 動詞の異格構成
(99) 受動動詞に就いて	(110v) 受動動詞
(100) 中性動詞の構成	
(102) 非人称動詞の構成	
(103) 不定法動詞に就いて	(116) 不定法動詞を含む構成
(104v) 動詞状名詞及び目的分詞に就いて	(117v.119v)
(105) 分詞に就いて	
(106v) あらゆる動詞に共通する構成法	(112) すべての動詞に共通する構成法
(108v) 場所に関する問に就いて	
(112v) 第五の品詞 副詞の構成	(125v.129v)
(125) 第六の品詞 感動詞に就いて	(130)
(130v) 第七の品詞 接続詞に就いて	
(137) 第八の品詞 格辞の構成に就いて	
(140) 第九の品詞 後置詞に就いて	
(149) 最後にして第十の品詞 助辞に就いて	
(168) 修辞構成に就いて	(132v) 比喩表現
(168) 文章を粗野にし且野鄙ならしめる欠陥に就いて	

(169)卑語	
(170v)曖昧な文の欠陥	
(172v)日本語の発音法に関する論	
(180)日本の詩歌に就いて	(158v)詩歌の種類

第Ⅲ巻（第184丁〜240丁）
【書状の書き方、日本人の呼び名、数の数え方など】

(アルヴァレスのラテン文典Ⅲとの項目の一致はほぼ無い)

> (184v)本巻では日本の文書を書くのに用ゐられる文体とこの国語の色々な数へ方とに就いて述べる
> (184v)'内典'の文体に就いて
> (185)'外典'の文体に就いて
> (185v)漢字の有する三種の'こゑ'に就いて
> (186)'こゑ'に於ける品詞の排列に就いて
> (186)'よみ'の書き言葉に於ける構成、即ち'返る'と呼ばれ、後に反って読まれる順序に就いて
> (187v)同一の'こゑ'の語が如何なる場合に動詞であり、如何なる場合に名詞であるかを知る為に
> (188)'こゑ'の用法に関する若干の法則
> (188v)書き言葉に関する若干の法則
> (188v)現在時の句を如何に結ぶかといふ事に就いて
> (188v)書状に於ける書き言葉の文体に関する論
> (190)常に書かれる書状の二種類に就いて
> (190)あらゆる階級の書状の色々な名称に就いて
> (193)書状の礼法全般に関する若干の注意
> (193v)書状の各部分とその礼法に就いて
> (199)日本の'出家'及び'坊主'へ贈る書状の礼法に就いて
> (200)宗教家及び聖職者の書状で使ふべき礼法に就いて
> (201)'綸旨'、'院宣'、'御朱印'、'令旨'、'御教書'、'御内書'、'御書'、'奉書'に就いて
> (202)女子の消息に就いて
> (202v)日本の'誓詞'に就いて

(204v)'目安'、又は'訴状'に就いて
(205)'目録'、'折紙'、'註文'に就いて
(206v)日本人がその流儀によって使ふ異教徒名に就いて
(212v)この国語の大部分に関係する色々な数へ方に就いての論
(212v)数名詞に就いて
(215v)日本の計算法の種類の名、その他
(216v)物を計算し、順序をつける色々な方法に就いて
(220)疑問語'何'に対する'こゑ'の特殊な数へ方と'一'、'二'、'三'などの数詞
(226v)疑問語'幾'と数詞'ひと'、'ふた'、'み'などを使ふ'よみ'の特殊な数へ方
(229)時、年、月、日、時刻、年号などの数へ方に就いての論
(232v)日本の年号に就いて
(234v)1608年の今年に至るまでの日本に於ける帝王
(238)世界の創造からわが主キリシトまでの年数
(239v)目次

　これをみると大文典制作の第一段階はアルヴァレスのラテン文典にある文法事項を目次の通りに並べて、それに日本語に関する記述を当てはめていくという方法が採られたと考えられる。このような方法は土井博士が上の引用（p.6：柳田1980：47）で指摘している如く大航海時代に世界各地で編纂された文典に共通のものであった[6]。特にラテン文法にみられる範疇の適用は大文典巻Ⅰ・Ⅱにある用言の活用論において顕著である。しかし巻Ⅰ・Ⅱにおいてもアルヴァレスにはなく大文典だけにみられる項目がある。それは巻Ⅰにおいては三種の動詞活用形にそれぞれ否定活用を付け加えている部分と（47）〜（52）の形容動詞に関する記述である。巻Ⅱではラテン語にはみられない品詞（137）「格辞」と（140）「後置詞」が付け加えられている。巻Ⅲになるとアルヴァ

レスのラテン文典の巻Ⅲと一致する部分はほとんどない。これはアルヴァレスの巻Ⅲはラテン語やギリシア語の韻文を主題としているので、大文典も日本語の書簡や日本の年号などについての日本文化に関する記述に徹したためである。

(7) 大文典と小文典について

　ロドリゲスがマカオに転出した後にマカオで1620年に刊行された小文典との内容を比較して整理しておきたい。

　第一に小文典には初学者のための大文典入門書であるという性格がある。大文典と比べると小文典は分量的に四割ぐらいに圧縮されている。それは小文典の原題『日本大文典より抜粋した日本語の基礎を初めて学ぶ人のための日本小文典、全三巻』*Arte Breve da Lingoa Iapoa tirada da Arte Grande da mesma Lingoa, pera os que começam a aprender os primeiros principios della* にはっきりと示されている。

　小文典も大文典と同じ三巻構成を取っており、それらは巻Ⅰは名詞と動詞の活用、巻Ⅱは品詞論、統語論、巻Ⅲは文体や日本の文化的背景の解説である。しかし大文典はできるだけ多くの例文を示し、その出典をも示すという方針を取っているのに対し、小文典では必要最小限の例文を出典を明示することなく挙げるに留まる。そして小文典では特に大文典巻Ⅱにある統語論に関する記述の多くを省略し、初心者向きに必要最小限の分量に縮められている。また大文典巻Ⅲには日本語の詩歌から歴代天皇の名前といった様々な日本の文化的背景の記述に溢れているが、小文典では大幅に省略され、日本人の命名（官位や位階）についての記述によって占められている。

しかし小文典には大文典にはみられなかった三つの革新がみられる。

第一の革新は「もしも〜すれば」のような日本語の条件節が伴う接続法を重要視して、それを接続法とは別の独立した「条件法」として分類したことである（小文典：21v-22）。大文典ではその重要性は認識されてはいたが、まだ「条件的接続法」として形式的には接続法の下位に置かれていた。

第二の革新は小文典巻Ⅰの冒頭にみられる日本語の綴り字に関する解説である（小文典：7.7v）。大文典では日本語の綴り字に関してすべてローマ字だけの説明であったのが、ここでは平仮名（「いろは」「五音図」）と漢字（数列「一、二、三…」）が漢字、仮名の活字を使って示されている。大文典では「平仮名」「漢字」というものがあると説明しているがそれを図示することはなかったのに比べると大きな進歩である。

第三の革新は動詞活用形の図示である。大文典では三種の動詞活用形が多くの語例とともに示されていたが、それら活用の姿は図表化された形では提示されていない。ところが小文典では第一種活用（国文法では下二段活用にあたる）についてのみではあるが、包括的な「活用図」（小文典：19v-20）が示されている。それは「現在、過去、未来、命令、否定」という構成を「上ぐる、上げた、上げう、上げよ、上げぬ」といった語例を示した形で図示したものである。大文典ではこのように動詞活用の姿が整理され「活用図」として図表化されることはなかった。小文典にみられる「活用図」は同時代の日本人による日本語研究よりははるかに進んでいたようだ。現代の国文法で広く用いられている「未然・連用・終止・連体・已然・命令」という六種の動詞活用は東

条義門（1786〜1843）によって天保四年（1833）に樹立されたものとされている（Shibatani 1990：222）。小文典の「活用図」はそれを二百年以上遡るのである。

(8) まとめ：大文典巻Ⅰ・Ⅱにおける独創性とはなにか

　大文典巻Ⅰ・Ⅱはラテン文典の枠組みに忠実であろうとしているものの、よく観察するとそれだけでは説明しにくい日本語の仕組みを様々な工夫と創意で記述しようとした多くの努力の痕が認めることができる。例えばラテン語では「動詞＋否定詞」という形であらわされる否定形を、日本語ではそれ自体別の活用を持った否定動詞という範疇として分類した。つまり日本語の存在動詞「ござる」を肯定存在動詞とし、その否定形「ござない」を否定存在動詞と呼ぶのである。これは日本語では「ござる」の過去形が「ござった」になるのに、「ござない」の過去形は「ござったない」ではなく「ござなかった」と違った形になるため、西洋人には否定動詞という別の範疇で紹介したほうが、理解しやすかったためであるとみられる。

　しかしながら大文典の日本語の記述において、規範としたアルヴァレスやネブリハの実用ラテン文法の呪縛から逃れ、真に独創的であったのは次の四点であったと思われる。

　①統語論における「主語」という概念の導入
　②動詞の活用と語構成の説明における「語根」の導入
　③品詞論において形容詞を動詞とみる見解
　④条件的接続法（条件法）を独立した法としてみる見解

むろん上の①〜④のすべてがロドリゲスひとりによる独創ではなく、先輩伴天連の日本語研究から受け継いだものもあると考えられる。

おわりに本論文の構成と①〜④の論点をどのように扱うかについて述べる。

第二章「大文典における文法記述について」(4)(5)節では①「主語」の考えの導入に関して論じる。

第三章「大文典における語根について」では②語根について論じる。

第四章「大文典における中性動詞について」では③「形容詞＝動詞」について論じる。

第五章「大文典の「条件的接続法」から小文典の「条件法」へ」では④条件法について論じる。

第六章「大文典における「同格構成」と「異格構成」について」では大文典が思弁文法に特徴的な統語論を受容していたことを論じる。しかしこれはアルヴァレスのラテン文典を通じて積極的にではなく消極的に受容されたと考えられるので上の実用ラテン文典から逸脱した項目には含めなかった。

第七章「大文典クロフォード家本について」では大文典の書誌学的な分析を試みた。

付章 「『コリャード日本文典スペイン語草稿本』について」ではロドリゲスと同時代のドミニコ会士コリャードによる日本文典の「草稿本」とラテン語刊行本について論じる。

注

1) ロドリゲスの伝記に関しては松本（1991）が詳しい。
2) 日本で刊行されたキリシタン版『どちりなきりしたん』は四種現存する。そのうち二種は国字本（天草刊1591頃、長崎刊1600）で残りの二種はローマ字本（天草刊1592、長崎刊1600）である。新村・柊（1993：74）の翻刻（国字本、長崎刊1600）による『ぱあてるのすてるのおらしよ』の全文は以下のようである。

> てんにましますわれらが御おや御名をたつとまれたまへ、御代きたりたまへ。てんにをひておぼしめすまゝなるごとく、ちにをひてもあらせたまへ。われらが日々の御やしなひを今日われらにあたへたまへ。われら人にゆるし申ごとくわれらがとがをゆるしたまへ。われらをてんたさんにはなし玉ふ事なかれ。我等をけうあくよりのがしたまへ。あめん。

3) 大航海時代に海外に進出したすべてのポルトガル人やスペイン人が現地の言語による布教に賛同していたわけではない。しかし現地語を尊重した状況は南北アメリカでは比較的長く続いた。メキシコとペルーではスペインが1520～1530年頃から植民地化を行い、その後七十年間には多くの現地語の文典が出版され、インディオの現地語による布教活動が定着していた。ところが1596年にスペイン王権の文官たちが国王フィリペ二世にスペイン語（カスティリア語）による布教活動に切り替えることを進言した。そうすることでインディオの迷信や偶像崇拝をやめさせることができると主張したのである。しかしフィリペ二世は多くの非道な迫害や強奪を看過したのにもかかわらず、布教のための言語に関してはインディオに彼ら自身の言語を無理に捨てさせ、スペイン語を強要することは不当であると裁定を下した。このことで教会側も宣教師による現地の言葉を使った宗教活動を義務として再確認した。しかし状況が大きく変わったのは1767年に南北アメリカからイエズス会が追放され、その資産が王権によって奪われてからである。現地語に堪能な多くの司祭がいなくなり、またこのころから現地人による植民地支配に対する武力的反発が高まったことでスペイン国王カルロス三世が1770年

に南北アメリカにおける植民地支配の強化のためにスペイン語の公用化を布告した（Lerner 2000：287）。

4） ラテン文法では伝統的にこの動作主の人格（persona agent）と被動体の人格（persona patienti）を別のことばで言い表すこともあった。それは彼らが考えた自然な文の語順（名詞 – 動詞 – 名詞）に基づいていた。動詞を基点として動作主の人格（persona agent）に当たる名詞を ante se（動詞より前にある）と言い、被動体の人格（persona patienti）に当たる名詞を post se（動詞よりも後にある）と形容するのである。以下のようにこの用法は大文典にもみられる。

　　○又，関係句に於いては，他の人称動詞の場合と同一の格支配を受ける。即ち，関係句は主体語（supposto）が<u>前方に立</u>つか（a parte ante）<u>後方に立</u>つか（a post se）して，句が続き而も別の動詞を以て承けねばならぬといふのである。（大文典：62）

5） イタリアの人文学者ワラー（Lorenzo Valla 1407～1457）は1444年頃に画期的なラテン文典 *Elegantiae linguae Latinae libri sex* を執筆した。これはキケロを代表とする古典作家におけるラテン語の慣用的用法（consuetudo）が優美で上品な（elegans）ラテン語の基礎であるという立場を取り、その後のルネッサンス期のラテン文典に多大な影響を与えた（Jardine 1982：798）。大文典にみられる典雅な言葉（elegāte lingoa）を日本人自身が著した古典作品から学ぶという態度は、ワラーのラテン文典にみられる典雅な（elegans）ラテン語を古典作品における慣用から学ぶという考えに共通している。この意味で大文典はルネッサンス期の精神を具現した文典のひとつであるといえる。大文典の緒言の最後に以下のようにある。

　　残されてゐる事といへば，この書によって必要な原理を学んだ後に，洗練された上品な会話に上達しようと望む者は，日本の権威ある著述家が日本のことを書いた書物によって大いに勉強できるといふ事である。かかる書物には純粋にして<u>典雅な言葉</u>（elegāte lingoa）が含まれてゐるのであって，さういふ言葉は，

本国人自身でさへ，この学習法を用ゐなければ完全に知ること
　　はないのである。（大文典 ⅲⅳ）

6）　Zwartjes（2002）によるとアルヴァレスのラテン文典（Alvarez 1572）はブラジルにおけるイエズス会の現地語の文典制作にも大きな影響を与えている。ブラジルのイエズス会士アンシエタ（Joseph de Anchieta）は日本大文典の制作年代と近い時期にトゥピ語の文典（1595）を制作したが、Zwartjes はアンシエタがロドリゲスと同じようにアルヴァレスのラテン文典を基本的な枠組みとして用い、大文典と同様に現地語にあてはまらない項目は削除するとともにラテン文典にみられない項目は付け加えたと指摘している。

第二章　大文典における文法記述について

（1）大文典における語構成について

　大文典では動詞活用の記述に「語根」（ポルトガル語 rayz）という用語が用いられ、国文法における動詞の連用形をそれにあてている。さらにこの語根が複合語を形成する上で重要な役割を果たすことが様々な語例を示しながら説明されている。このようなロドリゲスが用いた動詞活用形の基点を語の内部にある「語根」に求めるという考え方はギリシア・ラテン文法の伝統から出たものではない。ギリシア・ラテン文法において動詞の基点となる形は伝統的に不定法である。またそれ以前に「語」はそれ自身で完結した単位とされ、それよりも小さな語根と接辞が連接して成立したという発想はなかった。

　ロドリゲスは大文典において語根を基点とした三種の動詞活用を提示したが、それらを整理された活用表として示すことはなかった。それで大文典においては含意されていたが図示されていなかった活用図を小文典から示す。

【動詞の構成より第一種活用の例「比ぶる」】（小文典：19v-20）

語根	現在時制	過去時制	未来時制	命令法	否定形
Curabe	Curaburu	Curabeta	Curabeô, ôzu, ôzuru	Curabeyo ei, sai	Curabenu curabezu

国文法の用語で置き換えれば、未然（比べう、比べず）、連用（比べた）、終止・連体（比ぶる）、命令形（比べよ）がここに示されている（已然形はこの表では示されていない）。上の表での語根（curabe）とは国文法の連用形であり、現代の言語学における「変化する語尾」（e、uru、eta 等）に対する「不変化の語幹」（curab がそれに当たる）ではない。つまりロドリゲスは動詞の活用とは、分割できない最小の単位である動詞の末尾が屈折することであるというギリシア・ラテン文法の考え方から完全には脱皮できていなかった。それゆえあと少しというところで、動詞を「語幹＋接尾辞」という二つの単位に分割することまでは発想できなかったようだ。

　しかし日本語の動詞の活用で最も多用されるのは連用形であるので、これを動詞活用の中心（語根）に置くのは理に適っていた。つまり上の第一種活用の活用語形の導き方は語根を出発点に、直説法現在形は語根の語末にある e を uru に変え、過去形は語根の語末にある e に ta を加えるという様に説明される。さらに語根はそれ自体が動詞であるのみならず、動名詞である場合やその他の語構成の重要な要素であることをロドリゲスは理解していた（大文典：8-9）。そして以下のように語構成における語根の役割を丁寧に列挙している。

【語構成における語根の役割】
①語根が動詞性実名詞になる。
　：例．「習ひ」（学ぶという動作）
②語根が他の動詞と接続して複合語になる。
　：例．「引き裂く」（語根「引き」が「裂く」様子を形容する。）

③語根が名詞と結合して動作を意味する。
: 例.「心宛」(意図)
④語根が名詞と結合し動作者を意味する。
: 例.「物言ひ」(話し手)
⑤語根が名詞と結合してある用途に役立つ物を意味する。
: 例.「水入れ」(水をいれる壺)
⑥語根が名詞「もの」と結合し様々な意味を表す。
: 例.「書き物」(書かれた物)、「染め物」(染められた物)、「惚け者」(惚けている者)
⑦語根が「事」と結合した場合は「〜に適した」を意味する。
: 例.「読み事」
⑧語根が「道具」と結合した場合は「〜をするための道具」を意味する。
: 例.「書き道具」
⑨語根が「目」と結合した場合は動作の限界を意味する。
: 例.「合わせ目」
⑩語根が「手」と結合した場合は動作をする人、又は巧みな人を意味する。
: 例.「読み手」
⑪語根が実名詞と結合し、複合実名詞をつくる。
: 例.「宛て所」
⑫語根が実名詞 Yo（様）、sama（様）と結合して動詞状名詞となる。
: 例.「寝様（nesama）」(寝る時)、「書き様（caquiyǒ)」(書き方)
⑬語根が実名詞と結合して形容詞の意味を持つ。

：例．「乾し魚」（乾した魚）
⑭語根が他の語根と結合して複合語の実名詞をつくる。
　　：例．「出立ち」（服装）
⑮語根がある種の動詞と結合して不定法をつくる。
　　：例．「食ひたい」（食うことを望む）
⑯語根が文のなかで別の動詞が示す格や時制を担う。
　　：例．「君子は三つの畏有り、天命を畏れ、大人を畏れ、聖人の言を畏る」（二つの「畏れ」は「畏る」に支配されている）

　われわれ日本人は動詞の基本形を終止形であると考えることが多いが、実際は連用形（語根）の形で用いられることのほうが圧倒的に多い。印欧語の話者にとって動詞の文法的な基本形は不定法である。彼らにとって日本語の動詞においてそれを求めれば連用形（語根）が最も近いということになったと思われる。『日葡辞書』（1603）においても動詞の見出し語は連用形（例えば「読み」）で示されているのはこのためであろう。

(2) 大文典における品詞分類について

　品詞分類に関してロドリゲスはラテン語の八品詞（名詞、代名詞、動詞、分詞、前置詞、副詞、接続詞、感動詞）から逸脱し、日本語では十品詞を設定する（大文典：58）。そしてその日本語の十品詞とは、1．名詞（Nome）、2．代名詞（Pronome）、3．動詞（Verbo）、4．分詞（Participio）、5．後置詞（Postposição）、6．副詞（Aduerbio）、7．感動詞（Interjeição）、8．接続詞（Conjunção）、9．格辞（Artigo）、10．助辞（Particula）であるとした。これらを樹形図にして整理してみると以下のようになる

第二章　大文典における文法記述について　39

(*で示される部分はロドリゲスのではなく筆者の解釈である)。

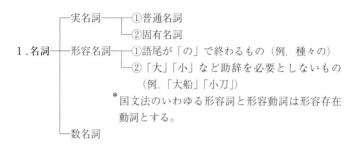

2.代名詞―原形代名詞（例.われ、なんじ、あれ、それ）
　　　　＊ロドリゲスは日本語にはMeu（私の）Teu（汝の）などの
　　　　　派生代名詞はないとし、これらは原形代名詞に助辞が附属
　　　　　した属格であるとする。

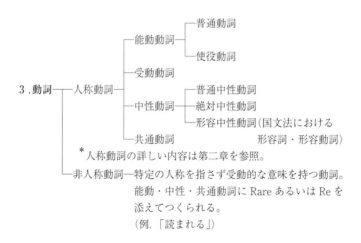

4.分詞―①現在分詞 Te(て)またはDe(で)で終る形。(例.「上げて」)
　　　―②未来分詞（例.「上げう」）
　　　―③過去分詞（例.「上げた」）

5. **後置詞**―名詞に後置されるポルトガル語では前置詞にあたるもの。
(例.「～の上」「～に依り」)

6. **副詞**―①国文法における形容詞の語根(例.「甘う」)
　　　　―②国文法における形容動詞の語根＋「に」(例.「明らかに」)
　　　　―③畳語的表現(例.「あらあら」「ばらばら」)

7. **感動詞**―心中の感動を表す。(例.「ああら」「あな」)

8. **接続詞**―(例.「と」「か」「と雖も」)

10. **助辞**―9. **格助辞**(例.「は」「の」「が」「を」「へ」…)
　　　　―尊敬を示す助辞(例.「あり、ある」に「おん」又は「お」
　　　　　　が伴う場合、「候」「申し、す」)

　上の品詞分類のうちでラテン文典の規範から外れ、大文典の独自の見解であるのが、国文法でいうところのク活用、シク活用の形容詞とカリ活用・ナリ活用の形容動詞を動詞(中性動詞)に分類していることである。形容詞はギリシア・ラテン文法の伝統では名詞の一部とされている。ロドリゲス以前の日本イエズス会の見解はこれに従っていた。ロドリゲスは「従来形容名詞として通用した物が何故動詞であって名詞ではないかといふ事に就いて」と題して従来の見解を批判している(大文典：61v)。そこではラテン語の形容詞は日本語において語尾が Ai(アい)、ei(エい)、ij(イい)、oi(オい)、ui(ウい)で終わることばに置き換えられるからといってこれらを名詞の下位分類としての形容詞とするのは間違いであり、その正体は動詞なのであると断言している。

(3) 大文典における動詞の法について

　ラテン語の動詞は態、法、人称、数、時制によって語尾が変化する。現代のラテン文法では直説法、接続法、命令法、不定法の四種類の法をたてる。しかしアルヴァレスのラテン文典では接続法に含まれている希求法、可能法、譲歩法を接続法とを独立した別の法としている。したがってアルヴァレスは七種の法（直説法、接続法、命令法、不定法、希求法、可能法、譲歩法）を設定している。しかし大文典はこれらに加えて「日本語及び葡萄牙語に固有な別の接続法」を持つ。そして接続法の下位には「条件的接続法」を設定している。この法に関してロドリゲスは独立した法に昇格させる方向を示しているが、巻Ⅰではまだ独立した法に含めていないので大文典における動詞の法は全部で八種類になる。これらを大文典で提示された活用の姿を存在動詞「でござる」からの語例を使って示すと次のようになる。

【ラテン文法に準じた肯定動詞の活用】

法
- 直説法：例．「でござる」
  （言い切りの形）
- 接続法：例．「でござれば」
  （文を続ける形。ラテン語のCum, Dumに相当するとされる。）
  - 条件的接続法例：例．「でござらば」
    （「～ば」「～らば」などを持つ条件節。）
- 希求法：例．「でござれかし」
  （「～かし」「～がな」を文末に持つ。本来は現在形しかない。）

―可能法：例.「でござらう」
（直説法の未来形がすべての時制において使われる。上品な言い方。語尾にRõ（らう）を添える。）

―許容法：例.「でござればとて」
（「〜もせい」「〜とて」「せよかし」などを文末に持つ。）

―日本語/葡萄牙語に固有の接続法：例.「でござれども」
（「〜ども」「〜と雖も」などを文末に持つ。）

―命令法：例.「でござれ」
（第二人称には文末が「よ」になり、三人称はそれに「と」を添える。）

―不定法：例.「でござること」
（「こと」または「と」を直説法現在形に添える。）

人称―┬―一人称　　　　「でござる」
　　　├―二人称　　　　「でござる」
　　　└―三人称　　　　「でござる」

数―┬―単数　　　　　「でござる」
　　└―複数　　　　　「でござる」

時制―┬―現在　　　　　「でござる」
　　　├―未完了過去　　「でござる/でござった」
　　　├―過去　　　　　「でござった」
　　　├―過去完了　　　「でござった/ござってござった」
　　　├―未来　　　　　「でござらう/でござらうず/
　　　│　　　　　　　　　でござらうずる」
　　　└―未来完了　　　「はや〜でござらうず」

上にみられる動詞の活用のすがたは、基本的に日本語をアルヴァレスのラテン文典で示されたラテン語における動詞活用の枠組みに当てはめようとしたものである。日本語の動詞は人称、数に関しては変化しないので、「われ〜でござる、なんじ〜でござる、なんじら〜でござる…」などと繰り返す必要はない。またロドリゲスは日本語に本来ある時制は現在、過去、未来の三種とみていたようだ。このことは小文典における動詞活用表（小文典：19v-20）で明らかにされている。しかし大文典ではラテン文典にある未完了過去と未来完了に「固有の語形はみられない」と認めつつも日本語の表現を当てはめている。このようなラテン語の規範を重視した態度は、ラテン語を既習したポルトガル人の日本語学習者の便宜を考えたためであったろう。

　しかし上の表のなかにはラテン文典に盲従したのではない独自の観察も取り入れられている。例えば法においてはラテン文典にはみられない「日本語・ポルトガル語に固有の接続法」（ただし日本語に関しては許容法との相違が明瞭ではない）と「条件的接続法」を付け加えているのがその例である。特に条件的接続法は大文典では接続法の下位に分類されているが、小文典では独立した法として「条件法」と名付けられている。この過程については本論文第五章「大文典の「条件的接続法」から小文典の「条件法」へ」で詳説される。

(4)大文典における「主格」と「主語」について

　ギリシア・ラテン文法の伝統では名詞の活用（曲用）とは、名詞がその語尾を屈折（declinatio）させることで性、数、格を表すことである。また代名詞、形容詞の活用は名詞に準ずる。この

定義に従えば、日本語の名詞には語尾屈折（転尾）がないので、その意味では名詞の活用は存在しないことになる。しかし大文典では名詞の転尾を「主（あるじ）」を例に以下のように定義している。

【実名詞および原形代名詞の全部に通ずる転尾】（大文典：1）
（単数）
主格　Aruji（主），又は Arujiua, ga, no, yori（主は，が，の，より）。
属格　Arujino, ga（主の，が）。
与格　Arujini, ye（主に，へ）。
対格　Arujiuo, uoba, ua, ga（主を，をば，は，が）。
呼格　Aruji（主），icani　Aruji（如何に主）。
奪格　Arujiyori, cara, ni（主より，から，に）。

（複数）
主格　Aruji（主），又は Arujitachi, xu, domo, ra（主達，衆，共，等）。
属格　Arujitachino, ga（主達の，が）。
与格　Arujitachini, ye（主達に，へ）。
対格　Arujitachiuo, uoba, ua, ga（主達を，をば，は，が）。
呼格　Arujitachi（主達），又は，icani Arujitachi（如何に主達）。
奪格　Arujitachiyori, cara, ni（主達より，から，に）。

この表に対する注記が、以下のようになっている。

　　○日本語の実名詞及び原形代名詞は、'こゑ'（Coye）であっても'よみ'（Yomi）であっても、拉丁語のやうに格によっ

> て転尾するといふ事はなく，無転尾である。さうして格辞といふ特別の助辞があり，それを名詞に後置したものが拉丁語の諸格に相当する。又，同一の語形が単数にも複数にも使はれるが，複数は上掲の転尾表に見られるやうに，外の助辞を補って示すこともある。（大文典：1）

つまり日本語の名詞自体には転尾はないが、国文法では格助詞にあたる格辞や後置詞、またその他の助辞が接続した形式を名詞の転尾すなわち名詞の格活用と呼ぶという態度である。

しかし大文典では形式的な格活用のひとつとしての主格（nominatiuo）とともに、思弁文法の用語（ラテン語 suppositum）を起源とする主語（supposto ときおり suposto という綴りもみられる）というポルトガル語が使用されている。「主格」と「主語」は日本語ではどちらも「主」が最初につくことから混乱しやすいが、nominatiuo の直訳は「名前の格」であり supposto の直訳は「もとに置かれてあるもの」である。したがって supposto に関しては「（文のなかで主として語られるように）もとに置かれてあるもの」と解釈すれば「主語」という訳語はその性格を捉えているといえる。しかし nominatiuo を「主格」と訳す場合の「主」は意味が異なり、おそらくは名詞の活用の基本形という意味が付加されているのであろう。したがってラテン文において「主格」の名詞が「主語」の役割を果たすことは多いものの、形式としての「主格」が常に意味的な「主語」と一致するわけではないことに注意が必要であろう。

大文典のなかで主格（nominatiuo）と主語（supposto）はどのように扱われているのだろうか。

まず主格（nominatiuo）であるが、これを土井博士は「主格」あるいは「主格に立つ語」と訳している。以下は大文典にみられる代表的な文例である。

○主格（nominatiuo）は話ことばでも書きことばでも助辞なしに使はれることが多いが，また助辞をとっても使はれる。例，判官武蔵を召され，日は暘谷を出で，扶桑を照らし，漸々西の山の端にかかる。(「佐藤下り」) (大文典：1)
＊「判官」が助詞なしの主格とする。
○（同格構成に就いて附則二）
或場合，主として韻文に於いては，主格に立つ語（nominatiuo）と動詞の格に立つ語とが動詞の後に置かれる事がある。例へば，
　・この歌の心は知らじ，恐らくは，
　　釈迦も，達磨も，定家，家隆も。(大文典：83v)

次に土井博士は主語（supposto）を単独では「主体語」と訳し、supposto do verbo という形では「動詞の主体（語）」と訳している。以下はその代表的な文例である。

①語根の第五のさうして最後の用法で，ここに主として取り扱はうと思ふのは，語根そのものが句中に於いて格や主体を持った動詞（verbo com casos & supposto）の働きをなす場合である。(大文典：9)

②（形容動詞について）他の動詞と同じく，これらの語の主体

語 (supposto) はその前に立つ。(大文典：47)

③又，関係句に於いては，他の人称動詞の場合と同一の格支配を受ける。即ち，関係句は主体語 (supposto) が前方に立つか後方に立つかして，句が続き而も別の動詞を以て承けねばならぬといふのである。(大文典：62)

④この国語には実名詞の関係詞は本来ない。ただ言ひ方によってそれと理解され，句の中に含まれてゐる。我々の国語で先行語又は動詞の主体語 (supposto do verbo) を前に置く場合に，日本語では関係詞の属する動詞の直後に置く。(大文典：65v)

⑤尊敬する為の助辞を伴った複合動詞は単純動詞の意味を変へることなく，ただ動詞の主体 (supposto do verbo) への敬意を示す。その助辞は次のものである。
Von (おん) 又は Vo (お) を伴った Ari, Aru (あり，ある)。Rare (られ), Re (れ), Saxerare (させられ), Xerare (せられ), Nasare (なされ), Tamai (給ひ)。(大文典：69v)

⑥ (統語論の前書きより)
　'よみ' のことばはそれ ('こゑ' のことばの場合) とは全然反対である。何となれば，初に動詞の主体語 (supposto do verbo) が来て，次に動詞の格に立つ語，三番目に動詞，それに引続いて時の助辞，それに否定辞が続き，'こゑ' の語では句頭に立つ反戻の助辞が最後に置かれる。(大文典：83v)

⑦主体語(suposto)を持たないものは次のやうに用ゐる。例えば Xirocara derarenu(城から出られぬ。)(大文典：103)

⑧ Mairaxi, Suru(参らし、する)又は，省略形の Marasuru(まらする)
○下の者から上の人へ差上げるといふ意味の語であって，本来はそれの接続する動詞を修飾して甚だしく丁寧さを加へる助辞である。即ち，動詞の主体(supposto do verbo)かこの助辞を使ふ人かが，話し対手か話の座に居る人かに対して慇懃と畏敬の念を表す為に謙譲の心持ちで卑下するのである。(大文典：163)

ここにみられるポルトガル語の主語(supposto)は思弁文法学の用語、主語－述語(suppositum － appositum ラテン語)からの借用であることは明らかである。それは伝統的なラテン文典における「動作主」や「動作を受ける対象」といった個々の語の機能ではなく、文のなかで「語られる当のもの」と「語られることがら」いう意味論的な区分を表す哲学(論理学)の用語から来ている。ドナトゥスやプリスキアヌスに範をとる伝統的なラテン文典は哲学の領域には踏み込まないので、その統語論では「主語」という用語は用いられていない。また大文典が手本としたアルヴァレスとネブリハのラテン文典でも古典的な文典に倣い主語－述語(suppositum － appositum)という考え方は使われていないので、おそらくそれは中世ヨーロッパの思弁文法を経由し大文典に流れ込んだ用語であると考えられる。

この思弁文法学における主語－述語(suppositum － appositum）というラテン語の対になる概念は、アリストテレスの論理学で hypokeimenon － katēgoreumenon と名付けられたギリシア語を紀元後六世紀初頭にボエチウス（Boethius）がラテン語 subiectum － praedicatum に訳し、さらに十二世紀末の思弁文法家がこれらを文法用語として suppositum － appositum（主語 - 述語）に訳したことに由来する（Law 2003：168）。

　ただし思弁文法家がラテン文法に使ったこの suppositum － appositum という用語は論理学における subiectum － praedicatum の引き写しではなかった。アリストテレスの古典論理学では主語 hypokeimenon とは「命題において語られる当のもの」、そして述語 katēgoreumenon とは「それについて語られる事柄すべて」である。したがって「太郎は早起きである」という命題においては、主語は「太郎」であり、述語は「…は早起きである」である。また「太郎は花子を愛する」という命題の主語には「太郎」のみならず「花子」も含まれる。そして述語は「…は―を愛する」である。しかし思弁文法では論理学に倣った suppositum － appositum の呼応関係が、範囲をより限定的にしたいわゆる主語 - 動詞（suppositum － verbum）という呼応関係に置き換えられるのが普通であった[1]。大文典も同様に動詞の主語（ポルトガル語 supposto do verbo）という用語に明らかなように supposto（主語）と verbo（動詞）が対応しており、述語（appositum）という用語は使われていない。

　それではアルヴァレスやネブリハが倣ったドナトゥス、プリスキアヌスといった古典的なラテン文典ではどのように統語論を説明していたのであろうか。

　彼らは動作主の人格 - 被動体の人格（persona agenti － persona patienti) という語の機能を記述する用語を使っていた。それは例えば次のように能動態と受動態の文の構成を説明している。

二つの能動態と受動態のラテン文において、

①能動態　Daedalus Labyrinthum aedificat.
　　　　　（ダイダロスは/ラビュリントスを/建てる。）
②受動態　Labyrinthus ā Daedalo aedificatur.
　　　　　（ラビュリントスは/ダイダロスによって/建てられる。）
　　　　　　　（ā Daedalo の ā は行為者の奪格を導く前置詞）

伝統的なラテン文典の説明では、動作主の人格（persona agenti）は①能動態でも②受動態においても同様にダイダロス（Daedalus 奪格 Daedalo）であり、被動体の人格（persona patienti）はラビュリントス（Labyrinthus 対格 Labyrinthum）である。

しかし思弁文法では「語られる当のもの」が何かという観点から、①能動態の主語 suppositum を主格のダイダロス（Daedalus）とみなし、②受動態の主語（suppositum）を主格のラビュリントス（Labyrinthus）とみなすのである。したがって例文①、②の場合はどちらも主語が主格に一致している。しかし主語と主格は一致しないこともある。

例えば以下のように非人称動詞（taedet）を使ったラテン文がウルガタ聖書（ヨブ記10-1）にある。taedet（厭う）は行為者を対格に目的語を属格に要求する動詞である。

例．「私の心は私の生命を厭う」

Taedet	animam meam	vitae meae.
（動詞・能動態 3人称・単・現在）	（名詞・単・対格）	（名詞・単・属格）

「厭う」　　　　　　「私の心は」　　　　　「私の生命を」
（なお meam と meae は「私の」を意味する所有代名詞でそれぞれ animam と vitae と性・数・格で一致している。）

　伝統的なラテン文法の説明に従えば対格（animam meam）は「動作主の人格」であり、属格（vitae meam）は「被動体の人格」という説明になる。しかし思弁文法では、対格（animam meam）がこの文の「語られる当のもの」として主語（suppositum）であると考える（Covington 1984：57）。したがって主格ではない対格の名詞がこの文の主語と呼ばれる。
　このように本来は論理学の範疇である意味的な主語は、文法学の形式としての主格とは異なる考え方であるのでこの二つは区別されなければいけない。しかし大文典のなかには明らかに主語（supposto）と主格（nominatiuo）を混同しているところがある。それは次の助詞「より」「から」の説明にみられる。
　「より」「から」は大文典巻Ⅰの説明では、格辞（artigo）のひとつで、名詞に連接し奪格とともに主格をも示す格辞であるとされている（大文典：1）。巻Ⅰの格辞（artigo）の表（大文典：1）では「より」は奪格の格辞であるとともに、主格（nominatiuo）に連接する格辞のひとつとされている。
　しかし、ロドリゲスは「より」「から」に関しては主格を示す格辞であるという説明にはためらいがあったようだ。それは下に◎で示した巻Ⅱの説明（大文典：138）において「より」「から」の場合は「この主格は受動動詞の動作者を示す奪格のようなものである。」と定義しなおしていることに表れている。

○ Yori（より），cara（から）が主格（nominatiuo）の助辞である場合は，動詞の表す動作に或関係を持ってゐるか，または尊敬の意を示す。例，Deus yori ataye cudasaruru.（デウスより与へ下さるる。）Deus yori tçucuri tamŏ.（デウスより造り給ふ。）デウスの賜はるもの，デウスの造り給ふものの意。（大文典：1）

○ Va（は）。Ga（が）。No（の）。Yori（より）。主格（nominatiuo）に用ゐる。（大文典：78）

◎（「より」「から」について）ある動詞を伴って主格（nominativo）に用ゐられる。この主格（nominatiuo）は受動動詞の動作者を示す奪格のやうなものである。普通には又，限界から起る動作又は限界に於ける動作者を敬意を含めて言ひ表す句中に用ゐ，例えば，De Deus（デウスから）などといふ場合の De（から）の意味を持ってゐる。例えば，Deusyori cudasareta.「デウスより下された。」…（大文典：138）

大文典では形式的な主格（nominatiuo）とは異なる意味論的な主語（supposto）という考え方を導入していたのであるから、助辞「より」「から」が後置する名詞は形式的に「奪格」であり、かつ意味的に「主語」であると説明すべきであったろう。つまりロドリゲスは◎の文中における下線の部分を主格（nominatiuo）ではなく主語（supposto）とするべきであった。すなわち、上のウルガタ聖書の引用における対格名詞（animam meam）が思弁文法では主語とされたように、大文典も助辞「より」「から」を後置した「デウスから」「デウスより」は形としてはあくまでも奪格であるが、意味論的には主語であると説明すればよかったと

考えられる。

このように主語と主格に関して混乱がみられるのは、ロドリゲス自身が意味論的な主語（supposto）と形式的な主格（nominatiuo）をはっきり区別していなかったためと考えられる。その理由としては主語（supposto）の概念は、ロドリゲスが思弁文法に関心のあった先輩伴天連の残した日本語に関する覚書をそのまま受け継いだもので彼自身には馴染みがなかった可能性が考えられるだろう。明らかに小文典では「より」「から」を伴った受動動詞の説明は以下のように伝統的な「動作主の人格－被動体の人格」を使った説明に回帰している。次の△は小文典にみられる大文典における上の◎の引用に相当する記述である。

> △受動動詞はすべて被動作主として主格形（Nominatiuo paciente）を、動作主として小辞 yori（より）または Cara（から）付き奪格形（Ablatiuo agente）を支配する。例．Feikeua tencara fanasaretato miyete aru（平家は天から放されたとみえてある）〈神は Feike（平家）を見放したようである〉。（小文典：64．池上訳下巻：71）

しかしながら西洋の文法学全般においても思弁文法が凋落してから、文法用語としての「主語－述語」の関係が再びラテン文典に定着するようになったのは十八世紀末になってからである（Law 2003：168）。その意味で大文典に「主語」が現れるのは時代に先んじていたといえる。しかしロドリゲスは大文典においてその適用に失敗していると言わざるを得ない。おそらくそれが理由で小文典の統語論では「主語」を使わない方針に変更したと考

(5) 小文典における「主格」と「主語」について

小文典を執筆した際のロドリゲスが見せた主語 (supposto) の使い方にはある特徴がある。それは形容詞(形容中性動詞)と名詞の関係する語構成の説明には主語を使用しているが、普通の動詞が伴う統語論の説明では主語の使用を避けようとしていることである。大文典から小文典に抜き書きした際に主語 (supposto) の語を消去している痕跡が見られるのである。そのせいで説明が不明瞭になった場合もある。

小文典において名詞と形容詞の関係を説明している部分をみてみよう。ここでは大文典と同様に日本語の形容詞は動詞的な特徴をもつものが大多数であると最初に説明している。そのなかで形容詞(例えば「深い」)が修飾する対象という意味で主語 (supposto) という語が使われている(例えば「深い川」あるいは「川は深い」における「川」が主語である)。そして「川は深い」という形が基本形で「深い川」という形は関係語句であると説く。

池上訳(池上1993)で小文典における主語(supposto)を使った例を記す。

△日本語において形容詞として機能する語は二類にまとめることができる。第一類は厳密な意味での形容詞で曲用はなく必ず名詞の前に置く。第二類は日本語に特有の変則動詞である。これは一つの語形のなかに〔われわれの〕形容詞の意味と結合動詞 sum すなわち ser または estar の意味とをあわせ

持っている動詞で、前または後に主語（suposto）をとることができ、他のすべての動詞とひとしく固有の活用をする。（小文典：14.池上訳上巻：79）
△こうした形容詞的動詞の直説法現在時制は最後の音節が Ai, ei, ij, oi, ui, na または naru の六つで終る。このうちはじめの五つは文章体ではすべて Ki で終る。この動詞の〔直説法〕現在時制形を名詞の直前に置くと、われわれのことばの形容詞に相当するものとなる。ただし日本語の語法ではこれは真の形容詞ではなくて、主語（suposto）を伴う動詞で、したがってぜんたいは関係語句である。（小文典：14v.池上訳上巻：80）

ロドリゲスは日本語の「形容詞」を形容中性動詞とみなしているのであるから、そのような形容中性動詞（例えば「深い」）によって語られる当のもの（例えば「川」）が主語であるとするのは説明するのは思弁文法の用法にもかなっているといえよう。

しかし名詞と普通の動詞が関係する統語論の記述では主語（supposto）という語が避けられているのが目立つ。

具体的に大文典の主語（supposto）という用語を使った説明が小文典ではどのように書き換えられているのかを検討してみよう。前節（4）に挙げた①〜⑧までの大文典からの引用に対応する小文典からの引用を並べてみる。*で示された部分は筆者の解説である。

〈大文典〉引用①
○語根の第五のさうして最後の用法で，ここに主として取り扱

はうと思ふのは，語根そのものが句中に於いて格や主体を持った動詞（verbo com casos & supposto）の働きをなす場合である。即ち，その語根の前の最も近い所にある動詞か又は句の中心にある動詞かが活用して時及び法を示してゐるのをそのまま受けるのである。（大文典：9）

これは小文典の以下の部分に対応する。

→〈小文典〉
　△第一。語根が文のなかにそれだけで現われた時、時制と法を示す動詞（verbo que tem tempos, & modos）となることが多い。つまり、すべての法を通じていずれの時制も持つ。そしてその動詞に固有の格を支配する。言い換えれば、二つないしそれ以上の文が連続すると、最後の文以外の文の動詞はすべて語根で用い、その語根の支配する語があればその語の格形を添え、最後の文の動詞のみを活用語形とするのであって、これが日本語によく見られる用法である。この時、最後の動詞に先行する語根はいずれも最後の動詞の時制と法を共有する。（小文典：26．池上訳上巻：132）

＊このあと大文典と小文典はどちらも例文「君子は三つの畏有り、天命を畏れ、大人を畏れ、聖人の言を畏る。」を挙げている。この文中の語根〔連用形〕の形で現れた「有り」「畏れ」「畏れ」が最後の終止形「畏る」と時制と法を共有しているということは小文典でも指摘されている。しかし小文典では、大文典が指摘しているように、先行する語根（「有り」「畏れ」「畏れ」）が文末の「畏る」と同様に主語（supposto「君子は」）を共有しているとい

う重要な説明が欠けている。

〈大文典〉引用②
　○（形容動詞について）他の動詞と同じく，これらの語の主体語（supposto）はその前に立つ。かくして我々は，これらを形容動詞又は形容存在動詞と呼び得るのである。（大文典：47）

→〈小文典〉
　△（形容詞の二類について）第一類は厳密な意味での形容詞で曲用はなく必ず名詞の前に置く。第二類は日本語に特有の変則動詞である。これは一つの語形のなかに〔われわれの〕形容詞の意味と結合動詞 sum すなわち ser または estar の意味とをあわせ持っている動詞で、前または後に主語（supposto）をとることができ、他のすべての動詞とひとしく固有の活用をする。（小文典：14.池上訳上巻：79）

*この項では大文典も小文典も共通した説明をしている。つまり日本語では「川深し」のように述語文の形で「深し」が主語「川」の後ろにつくことが形容詞「深し」は存在動詞を内包した動詞である根拠とするのである。

〈大文典〉引用③
　○（ⅰ）又，関係句に於いては，他の人称動詞の場合と同一の格支配を受ける。即ち，関係句は主体語（supposto）が前方に立つか後方に立つかして，句が続き而も別の動詞を以て承けねばならぬといふのである。（大文典1604：62）

○（ⅱ）かかる例や，その他至る所にある例からして結論を下し得るのは，これらの動詞も亦前述のやうに，その主体語（supposto）が後方に置かれることと，他の動詞と同じく関係句を作るといふ事である（大文典：62v）

○（ⅲ）然らば，これらの動詞そのものだけなり，又主体語（supposto）に対して後置された場合なりを葡萄牙語でどう言ひ表すかと私に質問されるであらうから，私は次のやうに答へる。Fuco（深う），fucai（深い），fucaxi（深し）だけであれば，Esta, ou he fundo, alto 等といふ意味である（大文典：62v）

○（ⅳ）他の語が主体語（supposto）に対して前置される場合も動詞であるから，その語の性質を助けるが為には，関係句であるものは実際あるがままに言ふべきであって，形容名詞に変へて言ふべきではない。それで十分なのである。（大文典1604：62v-63）

→〈小文典〉（直接対応する部分はない）

＊大文典62-63にみられる上の○（ⅰ）〜（ⅳ）は形容詞と名詞が結合した句は関係代名詞を内包した関係句であるという同じ主張の繰り返しである。例えば「深い川を渡った」という文において「深い川」をそのような関係句であるとする。ここでは後置しているにもかかわらず「川」が先行詞である。そして「深い」という形容詞（ロドリゲスの分類では動詞）は日本語では明示されないが、ポルトガル語にみられる関係代名詞（qui、quae、quad）を内包している関係詞であると考える。そして「深い川を渡っ

た」という文は思弁文法で採用されていた意味的に自然な語順（主語-動詞-目的語）に照らし合わせると、この「深い川」は意味的に動詞の「後方に立つ」目的語に相当する。しかし「深い川が流れる」という文の場合の「深い川」は意味的に動詞の「前方に立つ」主語に相当する。そしてこれら関係句はそれぞれ「渡った」または「流れる」という別の動詞によって承けられるのである。

〈大文典〉引用④
　○この国語には実名詞の関係詞は本来ない。ただ言ひ方によってそれと理解され，句の中に含まれてゐる。我々の国語で先行語又は動詞の主体語（supposto do verbo）を前に置く場合に，日本語では関係詞の属する動詞の直後に置く。（大文典：65v）

→〈小文典〉
　△日本語には〔ラテン語の〕関係詞 Qui, quae, quod または quid〔に相当するもの〕はないが、統語の部で述べるように、関係詞を支配する動詞の直後に〔われわれのことばの〕先行詞〔に相当する語〕を置くことでそれとわかる。例．Maitta Fito（参った人）o homem que veio（来た人）（小文典：54v. 池上訳下巻：28）

＊大文典では「先行語又は動詞の主体語（主語）」であったところを小文典では「先行語（先行詞）」だけに変更されている。

〈大文典〉引用⑤

尊敬する為の助辞を伴った複合動詞は単純動詞の意味を変へることなく，ただ動詞の主体（<u>supposto</u> do verbo）への敬意を示す。その助辞は次のものである。

Von，又は Vo を伴った Ari, Aru（あり，ある）。Rare（られ），Re（れ），Saxerare（させられ），Xerare（せられ），Nasare（なされ），Tamai（給ひ）。（大文典：69v）

→ 〈小文典〉

△単純動詞の活用語形には、もともと尊敬の意をまったく含まない無色のもの―例. Motomuru（求むる）、Yomu（読む）、Narŏ（習ふ）―と、もともと意味のなかに尊敬の意を含み、その動詞にかかわる人つまり主語（<u>supposto</u> do verbo）にたいする敬意を示す動詞― 例. Vouaximasu（おはします）、Cudasaruru（下さるる）、Kicoximesu（聞召す）、Saxeraruru（させらるる）、Xeraruru（せらるる）、Nasaruru（なさるる）、Notamŏ（宣ふ）、Notamauacu（宣はく）、Tamauaru（賜る）、Voboximesu（思召す）、Vôxeraruru（仰せらるる）など―とがある。（小文典：57v. 池上訳下巻：40）

*この部分の大文典と小文典の引用に関しては共通した「主語」の概念を示している。また supposto do verbo（動詞の主体）という熟語が小文典で使われているのはここだけである。

〈大文典〉引用⑥

○この二種のことばに於いて，漢字に書く上では品詞排列の順序が同一であるが，話したり我々の文字で書いたりする上では相互の間に甚しい相違があり相反してゐる。何となれば，'こゑ'の語は元来支那のものであって，我々のと同じく真直に話し，品詞排列の順序も同じである。その点は知って置くべきであって，初にあらゆる種類の反戻の助辞が置かれ，その直ぐ次に否定辞，その次に未来のBequi（べき）など時を意味する助辞，その後に動詞，終に動詞の格に立つ語が置かれる。

○'よみ'のことばはそれとは全然反対である。何となれば，始めに動詞の主体語（supposto do verbo）が来て，次に動詞の格に立つ語，三番目に動詞，それに引続いて時の助辞，それに否定辞が続き，'こゑ'の語では句頭に立つ反戻の助辞が最後に置かれる。（大文典：83-83v）

→ 〈小文典〉
　△第四点。すでに述べた二種のことば、すなわちYomiのみのことば（このなかにCoyeとYomiとから成ることばも含める）とCoyeだけのことばは、日本人がCana（仮名）またはCatacana（片仮名）を交えず、それぞれ特定の形状を持つ中国語の文字〔漢字〕だけで書く時は、両者の品詞の配列順に違いはなく、それを〔それぞれのことばの順序で〕読んだり言ったりしている。こうしたことを言うのは、Coyeのことばは厳密に言えば中国語で、われわれの〔ことば〕とひとしく直なることばでもあって、話す時も書く時も品詞の配列は同じだからで、逆意の小辞があれば

これを冒頭に置き、つぎに否定の小辞を続け、ついで未来
　　　時制の違いを表わす小辞を置き、これらの小辞に続けて動
　　　詞を、そして最後に動詞の支配を受ける〔名詞の〕格形を
　　　置く。これにたいして古来の日本語であるYomiのことば
　　　は、語順がCoyeのことばとは逆で、まず<u>動詞の支配を受
　　　ける〔名詞の〕格形</u>（os casos, qu rege o verbo）を冒頭に
　　　置き、つぎに動詞を続け、ついで時制を示す小辞を添え、
　　　これらのつぎに、もし否定の小辞があれば、その小辞を続
　　　け、最後に逆意の小辞を置く。つまりYomiのことばは
　　　Coyeの文が終るところから始まるのである。（小文典：
　　　1v‐2．池上訳上巻：28-29）

＊大文典では'こゑ'（漢文）はポルトガル語と同様に、①主体語
（主語）②動詞③動詞の格に立つ語（目的語）という語順になる
のに対して'よみ'（和文）では①主語②動詞の格に立つ語③動
詞という語順になることが、主語（supposto）という用語を使っ
て示されている。

　しかし小文典では大文典の主語（supposto）が「動詞の支配を
受ける〔名詞〕の格形」（os casos、qu rege o verbo）つまり
「目的語」となっている。これに従うと'よみ'の語順では目的
語が語頭になるということである。これは明らかに間違いである。
日本語だけの議論ならば主語が省略されることが多いので語頭に
動詞の支配を受ける語（目的語）が来ることもあるが、ポルトガ
ル語と中国語と比較しての統語論ではこのように述べることはで
きない。「主語」という語を避けたいがために起こった混乱と思
われる。

第二章　大文典における文法記述について　63

〈大文典〉引用⑦
　○（非人称動詞に就いて）主体語（suposto）を持たないものは次のやうに用ゐる。
　　例えばXirocara　derarenu.（城から出られぬ。）（大文典：103）

→〈小文典〉（直接対応する部分はない）

〈大文典〉引用⑧
　　Mairaxi, Suru（参らし，する）又は省略形のMarasuru（まらする）
　○下の者から上の人へ差上げるといふ意味の語であって，本来はそれの接続する動詞を修飾して甚だしく丁寧さを加へる助辞である。即ち，動詞の主体（suposto do verbo）かこの助辞を使ふ人かが，話し対手か話の座に居る人かに対して慇懃と畏敬の念を表す為に謙譲の心持ちで卑下するのである。（大文典：163）

→〈小文典〉（直接対応する部分はない）

　このようにロドリゲスは大文典（1604）では採用していた主語（suposto）という用語を引用①～⑧の多くでみられるように小文典（1620）では避けようとしていたと考えられる。その結果小文典（1620）では文意がわかりにくくなった箇所が多くなったといえよう。

(6) 宣教師文典における「主格」と「主語」について

大文典 (1604) と小文典 (1620) が執筆された十六世紀末〜十七世紀初頭には中世末期に流行した思弁文法はすでに凋落しており、ロドリゲスの時代に主流であったラテン文典において suppositum – appositum (主語 – 述語) を使った文法記述はみられなくなっていた。ロドリゲスは彼の時代には異質な文法用語であった主語 supposto を標準的なラテン文典からではなく、セミナリオやコレギオの書架にあったであろうアリストテレス論理学に関する文献からヒントを得た可能性があるのではないか。あるいは大文典 (1604) の緒言 (:iii) で語っているようにロドリゲスは先輩伴天連による日本語に関する数種の覚書を参照したというが、そのなかに主語 (supposto) をみつけたのかもしれない。いずれにせよ、今日からみれば大文典 (1604) で日本語の文法記述に主語 (supposto) が使われているのは、時代遅れというよりもむしろ来たるべき十八世紀の思弁的な文法の復活に先んじていたようにみえる。

しかし残念なことにロドリゲスは日本語の統語論全般を論じる際に「文のなかで語られるもの」という論理学から来た主語 (supposto) と、伝統的なラテン文法における形式的な主格 (nominatiuo) とをうまく融合させることができなかったようだ。

大航海時代とも呼ばれた十六〜十七世紀は西洋人にとっての未知の言語が次々と「発見」され、それらを実用的に記述することが課題となっていた時代であった。その基本的な枠組みとしてはやはり当時の規範的なラテン文典に頼らざるを得なかった。したがってロドリゲスの周囲にはその規範から逸脱した論理学の用語

を日本語文典に導入したことに否定的な同僚や上司もいたと思われる。そのような反発をロドリゲスは、おそらく大文典（1604）の執筆時から感じていたのではないだろうか。しかも彼は主語（supposto）を語構成の説明に用いた語根（rayz）のようには使いこなせなかった。その結果大文典（1604）の後半を執筆していた時にすでに逡巡しはじめ、小文典（1620）を作成する際には主語（supposto）の使用を大幅に削除したとみられる。

　しかし広い見地に立てば主語（supposto）の概念は大航海時代に海外布教を行っていた多くの宣教師にとって有用であったと思われる。彼らが世界中で遭遇した未知のことばは必ずしもラテン語のように名詞と述語の関係を名詞の格変化という形で表すものではなかった。アジアや中南米で様々な言語を対象にして文典を作る必要のあった宣教師たちにとって、主語（supposto）の概念はラテン文典の束縛から逃れた文法記述の新たな可能性を開示したであろうと思われる。その証左としては十六〜十七世紀の中南米においてイエズス会士が制作した宣教師文典に主語（supposto）という用語が積極的に導入されていることに表れていることが挙げられるだろう[2]。

注
1 ）　代表的な思弁文法の文典としてはエルフルトのトマス（Thomas von Erfurt）による『表示の諸様態あるいは思弁文法学について』*De Modis significandi sive Grammatica Speculativa*（Bursill-Hall 1972）がある。これは1300年頃に成立したといわれているが、その存在が知られるようになった近世から二十世紀前半までの長い間スコットランドの神学者ドゥンス・スコトゥス（Duns Scotus AD1266頃〜1308）の著書とされてきた。二十世紀の哲学者マ

ルティン・ハイデガー（Martin Heidegger 1889〜1976）が同書をスコトゥスの著書として教員資格論文（1916）のなかで論じているのはよく知られている。西洋文法における「主語−述語」の概念の受容と発展に関しては Pfister（1976）が詳しい。これによれば十三世紀に論理学から文法学に導入された suppositum − appositum の呼応関係のうち suppositum は意味論的な「語られる主体」という意味での「主語」として早く定着した。しかし appositum の文法学における定義は長い間曖昧であった。多くの思弁文法家は appositum とは動詞（verbum）であるとみなした。

Pfister（1976：109）に以下のようにある。

> Der Terminus 'appositum' bleibt während der gesamten Dauer seines Gebrauches unpräzis. Die Modisten verstehen darunter nach BURSILL-HALL61 nur das Verbum.
> 'appositum' という用語は（文法家の間で）長い間その用法において厳密さを欠いていた。一般的に思弁文法家は Bursill-Hall（1971：61）が指摘しているように appositum は単に verbum（動詞）であると理解していた。（私訳）

しかし十六世紀末に再び思弁的な思索を文法学に持ち込み、後世の文法学に大きな影響を与えたスペインの人文学者 Sanctius が、彼の主著 Minerva（1587）において appositum とは述語名詞であると定義しているのは画期的であった。

例えば Petrus videt parietem（ペトラスは壁を見る）の例文において Petrus を主語（suppositum）、videt を動詞（verbum）とし、parietem（paries「壁」の対格）を述語名詞（appositum）としたのである。つまり Sanctius は appositum を目的語と定義したのである。Pfister（1976：115）によれば1801年版の独訳 Minerva では suppositum が論理学の用語である subjectum に置き換えられ、そして appositum が "objectum, materia, Gegenstand"（目的語、または質料、または対象）に言い換えられており、やがて十九世紀のラテン文典では appositum という用語は見られなくなったという。そのかわり目的語という意味では objectum が使われるようになり、

述語動詞という意味では praedicatum が定着したという。
2）ブラジルにおけるカトリック宣教の父とも呼ばれるイエズス会士アンシエタ（Joseph de Anchieta 1534〜1597）は日本大文典とほぼ同時代にブラジルの現地語であったトゥピ語の文典（Anchieta〔1595〕）をポルトガル語で著した。そのなかで彼は大文典では使用されている語根（rayz）を語構成の記述には用いていないものの、名詞・代名詞の説明においては主語（supposto）という用語を活用している（Anchieta 1990：38）。また Anchieta〔1595〕以外にも筆者は未見であるが主語（supposto）を取り入れたイエズス会士による宣教師文典としては Antonio del Rincon によるナワトル語文典（1595）と Juan Roxo Maxia y Ocon によるケチャ語文典（1648）があることが Zwartjes（2002：56）によって指摘されている。

第三章　大文典における語根について

(0) はじめに

　大文典において動詞の語根（ポルトガル語：rayz do verbo）は、動詞の時制や法をつくる基礎となるものであると定義され、動詞の活用を示す基本形であることが示されている。この「語根」とは国文法では連用形に対応するものである。西洋の文法における伝統では動詞の基本形は不定法であるが、日本語においては連用形をあてるという方針がここで採用されている。

　また大文典では、語根を動詞にのみ当てはまる基本形とするのではなく、名詞や他の動詞と結合したりする語構成の主要な要素とする考え方が導入されている。例えば語根「読み」は助辞「事」と連接し、名詞「読み事」（読まれるのに適した事柄）を構成すると説明されている。したがって語根は、大文典の品詞論、統辞論の全てにおいて、日本語を記述するための最も重要な要素であると言って良いであろう。

　これに関連して、『日葡辞書』（1603）に先駆けて天草で出版された『羅葡日辞書』（1595）では、日本語の動詞は終止形のみを記す形式に留まっている。例えば、ラテン語 Lego に対しての日本語訳は Yomu としか挙げられていない。しかし『日葡辞書』（1603）では、動詞の項目は Yomi、u、oda（読み、読む、読うだ）というように、（語根、終止形、過去形）と語根を見出し語

にする形式になっている。

このように大文典ならびに日葡辞書のなかで主要な役目を果たしている「語根」はどこから来たのであろうか。通説では規範文法であったラテン文典が典拠とされているが、果たしてそうであろうか。イエズス会士が影響を受けた可能性の高い同時代のヨーロッパで出版された俗語文典と、大航海時代に世界各地でつくられた宣教師文典も検討すべきであろう。本章ではそのなかでも特に新エスパーニャで出版されたインディオ諸語に関する宣教師文典に注目した。それはこれらインディオ諸語の文典は他に先駆けて語根を文法分析に導入していると評価されているからである。

(1) 大文典における語根と動詞の活用分類について

まず大文典において語根はどのように導入されているかを見てみよう。ロドリゲスは、日本語の動詞を語根（ポルトガル語：rayz）と語尾（ポルトガル語：terminação）に分解しているが、それを最初に利用しているのは動詞活用の分類である。それは当時の口語をローマ字で記述した形に基づいたもので、語根末尾の母音に関連させて三種類と分類したものである。

ロドリゲスが使った語例と共に示すと以下のようになる。

【表1】大文典における動詞の三種活用

	語根	現在形	完了形
第一種活用〔語根が e に終わる〕	ague (上げ)	aguru (上ぐる)	agueta (上げた)
第二種活用〔語根が i に終わる〕	yomi (読み)	yomu (読む)	yôda (読うだ)
第三種活用〔語根が i に終わる〕	narai (習い)	narŏ (習ふ)	narŏta (習うた)

第一種活用は、基本的に語根が-e-で終わるものである。これには、国文法の下二段活用と下一段活用が含まれる。ただしロドリゲスは、語根の末尾が-i-になる上一、上二、カ変、サ変動詞を第一種活用の構造に準ずるものとした。ロドリゲス自身は、なぜそれらが第一種活用に準ずるのかという説明はしていない。おそらく、これらの動詞の現在形（終止連体形）が、四段とは違って下一段・二段動詞と同様に、「起くる」「見る」のようにuruで終わるためであったと思われる。

　第二種活用は、語根末尾の母音が-i-で、これらには現在形がuで終わる四段動詞、ナ変、ラ変動詞が含まれる。

　基本的にはこれまで述べたよう語根末尾の母音が-i-であるか-e-であるかということで、ロドリゲスは日本語の動詞活用を二分しているといえる。

　しかし、さらに四段動詞のなかで、語根末尾の母音-i-の前に別の母音がある場合を第三種活用としているのは、まだ日本語をアルファベット表記でしか理解していない初心者の便宜を考えたものと考えられる。これらは国文法ではハ行の四段動詞にあたり、仮名表示においては第二種活用として理解できるものである。しかしアルファベット表記では語根末尾の二重母音がai（習ひ）、ui（狂ひ）、oi（思ひ）になる。そしてそれら第三種活用の現在形（終止形）と完了形は、当時の口語において、narai（習い）→ narŏ（なろー）、narŏta（なろーた）のように、長母音を語尾に持つ特徴を特記する必要を感じたからであろう。

　さて大文典では語根末尾の母音は-e-、-i-、-i-の三種ではなく-e-、-i-、-y-であるとの記述が見られる（大文典1604：6v.69v）。これは語根末尾に母音が重複している第三種活用の語

根、例えば「思ひ」を omoi ではなく omoy と表記するものである。しかし、このような正書法が実用化されたことはなかったようである。キリシタン版では語根の末尾に-y-は使われていない。つまり「思ひ」には vomoi のように必ず i が用いられている。唯一の例外が「言ひ」iy である。これは已然形、命令形が iye「言へ」となるので y を使うのが慣習化していたためとみられる。

　　例．fito mo iy「人も言ひ」(『天草版平家物語』1593：106)

　大文典にみえる語根末の綴り字による活用の三分類は明らかに、語根末尾の母音が、第一種-e-か第二種-i-であるかの二分類が基本である。そしてそこに第三種活用を無理に付け加え三分類をつくったような印象が拭えない。これは俗語（ヨーロッパ諸語）文典の伝統を意識していたためではないだろうか。ロマンス語の俗語文典では、ラテン語の動詞四分類に対し、三分類が見られる。ただしそれは語根末ではなく不定法現在形の末尾の形に従ったものである。このような分類は最初の俗語文典であるネブリハのカスティリア語文典（Nebrija 1492）が先鞭をつけている。つまりポルトガル語、スペイン語話者にとって日本語の動詞の活用を三分類して覚える事が最も自然に思われたと考えられる。

【表2】カスティリア語文典における動詞活用三分類 (Nebrija 1492)
①第一種活用：不定法現在が ar で終わる。例．amar「愛す」
②第二種活用：不定法現在が er で終わる。例．leer「読む」
③第三種活用：不定法現在が ir で終わる。例．oir「聞く」

ロドリゲスの母国語であるポルトガル語の文典（Barros〔1540〕[1] 1971：331）でも、完全にネブリハを踏襲し、規則動詞の三種をその不定法の末尾-ar-、-er-、-ir-で三種に分類している。

大文典（1604：69v）にあるような母音が重複する場合の-i-を-y-と表記する正書法が確立されていれば、語根末母音は-e-、-i-、-y-の三種類となり、ロマンス語の俗語文法により準じた活用分類になったと考えられる。

（2）ラテン文典と語根について

ロドリゲスが大文典で展開したように動詞を語根と活用語尾に分解し、語根末の母音によって動詞の活用の形を分類するのは、【表3】で示したように現代の形態素を使った言語の分析において普通に見かけるものである。

ただしロドリゲスが用いている「語根」は現代の言語学で用いられている語根とは異なることに注意が必要である。ロドリゲスの「語根」は現代の形態素を用いた言語学では「語幹」と呼ばれるものである。例えばラテン語動詞 amo（愛する）の語根は am であるとされ、それに語幹母音 ā を加えたものが語幹と呼ばれる。したがって直説法現在形の人称変化は次のように分析される。ā は a の長母音である。

【表3】現代の言語学テクストにおける語根（Lieder 2010：105）
語根　　　　　　　　am
語幹（語根＋語幹母音）　am＋ā
〔第一種活用動詞の直説法人称変化〕
一人称単数　　am＋ō　　　一人称複数　　am＋ā＋mus

二人称単数	am＋ā＋s	二人称複数	am＋ā＋tis
三人称単数	am＋a＋t	三人称複数	am＋a＋nt

　このように動詞を語根、語幹母音といった形態素に分解することが十六世紀のラテン文典でも標準的であったと考えてしまいがちであるが、実はそうではない。

　当時のラテン文典の伝統では、文法を論ずる最小単位はそれ自身で独立して用いられる「語」であるとみなす姿勢があった。即ちそれ自体独立して用いられる「自由形式」だけが、一人前の語形式として完全語（nomen integrum）と呼ばれていたのに対し、それ自体独立して用いられことのない「約束形式」は不完全語（nomen corruptum）と呼ばれていたことに表れている。

　ラテン文典において動詞を語根と接尾辞に分解して提示されるようになったのは、十九世紀になってからのようである。それは十八世紀末にサンスクリットが西洋人に「発見」され、比較言語学が盛んになり、ボップ（Franz Bopp 1791〜1867）等によってサンスクリットの語彙と比較してラテン語が論じられるようになったためであると考えられる。

　したがって十六世紀の伝統的なラテン文典では、「語」は音節さらに文字に分解できることは認識していたが、文法の分析に関する最小の単位は、名詞、動詞といった「語」であった。そして名詞がひとまとまりの「語」として屈折することを declinatio と呼び、同様に動詞が「語」として屈折することを conivgatio と呼んでいた。したがって新エスパーニャの文典や大文典のように、動詞を語根（ラテン語：radix）と接尾辞（ラテン語：suffux）の二つの不完全語に分解することはなかった。

第三章　大文典における語根について　75

　ラテン語の規則動詞は不定法現在形の語尾によって四種に分類される。第一種変化 amāre、第二種変化 monēre、第三種変化 agere、第四種変化 audīre がそれである。このうち第一種活用の変化は以下のように提示される。

　例えば、天草版アルヴァレスのラテン文典でも第一種活用 amo には「我大切に思ふ」という和訳が加えられ、人称に従って屈折を示すだけで、動詞 amo をそれ以下の要素に分解することはなされていない。

【表4】天草版アルヴァレスのラテン文典（Alvarez 1594：17v）
〔第一種活用動詞の直説法人称変化、現在時制〕

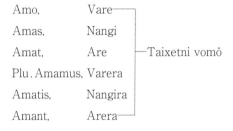

　これは屈折言語の典型であるラテン語はその屈折の形が、動詞の場合は規則動詞では四種、名詞の場合は五種とはっきりと定まっていることで、動詞や名詞の活用を学ぶのに、語を語根と接辞に分解する操作は不必要であるためであったことが一つの理由であろう。
　もう一つの理由はラテン語とその系統にあるロマンス語全般においては、語構成において複合語が非常に少ないことがあると考えられる。したがって語と語が連接する際の仕組みについて考察

することが少なかった[2)]。

　これはなにも十六世紀だけの慣習ではなく、それ以前から伝統的にラテン文典では動詞や名詞をそれより小さな語根と接辞に分解して論じることは行われていなかったのである。ドナトゥス（紀元後四世紀）やプリスキアヌス（紀元後六世紀）のような古典文法家もラテン語の動詞活用の説明に語根と活用語尾という区別を用いていない。

　しかし古く十二世紀の中世ヨーロッパに流入したアラビア語研究のなかで、既に「語根」から様々な語彙が派生することが論じられている（関沢2008）。さらに十六世紀ヨーロッパで再燃したヘブライ語研究においても語根は重要な要素として取り上げられている（Percival 1984）。したがって規範的なラテン文典を執筆したアルヴァレスやネブリハのような碩学が語根に関して無知であったとは考えられない。しかしその上で彼らは語根はラテン文典には不必要であると判断したのであろう。

　結論として、日本イエズス会の宣教師たちが参照したアルヴァレスやネブリハを代表とする十六世紀のラテン文典には、「語」をそれ以下の語根と接辞（接頭辞、接尾辞）のような小さな単位に分解して文法を論ずる伝統はなかったのである。

(3) 俗語文典と語根について

　十五世紀末から十六世紀にわたって近代国家の勃興に伴いヨーロッパ諸語の文典が出版されるようになった。これらは俗語文典と呼ばれ、その最初のものがネブリハによるカスティリア語（スペイン語）文典（Nebrija 1492）である。これが後代の俗語文典、そして世界各地でつくられた宣教師文典に与えた影響は非常に大

きい。

　しかしネブリハのカスティリア語文典（Nebrija 1492）では、動詞を語根と活用語尾に分解することは行われていない。バロスのポルトガル語文典（Barros 1540）においてもこれは同じである。俗語文典では語尾（ポルトガル語：terminação）という用語は用いられているが、これはあくまでも動詞や名詞の一部分であり、それ自体では存在しないものとして捉えられている。

　ポルトガル語やスペイン語のようなロマンス語の俗語文典では、ラテン語と同様に不定法現在形の語尾に基づき、動詞活用を三種の規則活用と不規則活用に分類することが普通であった。そしてネブリハのカスティリア語文典では不規則動詞を三種（ir、ser、haber）付け加えて以下のように提示している。

【表5】ネブリハのカスティリア文典における動詞の活用の例（Nebrija〔1492〕1946：113）

〔直説法人称変化、現在時制〕

不定法現在	amar	leer	oir	ir	ser	haber
	（愛す）	（読む）	（聞く）	（行く）	（〜である）	（持つ）
一人称	amo	leo	oio	vo	so	e
二人称	amas	lees	oies	vas	eres	as
三人称	ama	lee	oie	va	es	a
一人称複数	amamos	leemos	oimos	vamos	somos	avemos
二人称複数	amais	leeis	ois	vais	sois	aveis
三人称複数	aman	leen	oien	van	son	an

　これらスペイン語やポルトガル語のようなヨーロッパ諸語は俗語と呼ばれていたことでわかるように、ラテン語に対し一段低いものと見なされていた。そしてそれらが「文法」を持つに値するということを示すには、文法家にとってそれがラテン文典の規範

にあてはまることを強調することが必要であったと考えられる。したがって当時のラテン文典で取り上げられていない語根を俗語文法に採用することはなかったと推測される。

結論として俗語文典においても語根と活用語尾に動詞を分解して記述する方法は採られていなかったといえる。

(4) 新エスパーニャの文典と語根について

大航海時代に新エスパーニャは西洋人に「発見」され、スペイン人コルテスが1519年から1521年にかけてアステカ帝国とタラスコ帝国を武力で征服した。そしてスペイン人が新エスパーニャと呼び、植民地支配を開始した地域には、ナワトル語(Nahuatl)とタラスコ語(Tarascan)という膠着語の性格を持った二つの主たる言語があった。ナワトル語は当時一般にメキシコ語(Mexicana)と呼ばれ、タラスコ語はミチョアカン語(Michoacán)と呼ばれていた。これらインディオ諸語の研究は1524年に修道会としていち早く新エスパーニャに進出したフランシスコ会士が先鞭をつけ大きな業績を残した。なお後発のイエズス会が新エスパーニャに進出したのは1572年である[3]。
フランシスコ会士が新エスパーニャで出版した文典と辞書には以下のものがある。これらの文典はいずれもネブリハによるカスティリア語文典(Nebrija 1492)から大きな影響を受けている。

【表6】フランシスコ会士による新エスパーニャにおける文典と辞書

Olmos(1547):Fray Andrés de Olmos, *Arte aprender la lengua Mexicana*(オルモス1547・ナワトル語文典)

Gilberti(1558):Maturino Gilberti, *Arte de lenhua de Michoacan*

（ヒルベルティ1558・タラスコ語文典）

Gilberti (1559a)：Maturino Gilberti, *Diccionario de la lengua tarasca ó Michoacán*（ヒルベルティ1559・タラスコ語/スペイン語辞書）

Molina (1571a)：Alonso de Molina, *Arte de la lengua mexicana y castellana*（モリナ1571・ナワトル語文典）

Molina (1571b)：Alonso de Molina, *Vocabulario en lengua castellana y mexicana*（モリナ1571・ナワトル語/スペイン語辞書）

Lagunas (1574)：Juan Baptista de Lagunas, *Arte y Diccionario con ortas obras, en lengua Michoacana*（ラグナス1574・タラスコ語文典）

　スペイン系のフランシスコ会は、イエズス会以外の日本布教が禁止されていた天正十年（1582）に最初のフランシスコ会士が来日していたという記録がある（オイテンブルグ1980：362）。しかし公式には文禄二年（1593）にフィリピンから初めて来朝した。そして彼らはポルトガル系のイエズス会とは犬猿の仲で、お互い衝突しながら、鎖国によって追放されるまで布教活動に従事していたとされている。しかし、これらフランシスコ会士によって新エスパーニャの言語研究が文禄年間（1592〜1596）に日本のイエズス会士に伝えられたことは十分考えられるのである。

　確かに慶長元年（1596）の二十六聖人殉教事件の際にイエズス会が、フランシスコ会の挑発的な布教態度が秀吉を刺激したという強い批判を出したことで、両修道会の関係は決定的に悪化した。しかし、フランシスコ会士来朝の当初は、イエズス会のスペイン人会士のなかに同じスペイン人であるフランシスコ会士に共感を

持つ者が多かった。その結果、イエズス会準管区長のペドロ・ゴメスが、資金を貸与するだけではなく日本語の文典や辞書を提供するなどの親しい交流があった（五野井2010：149-150）。

　大文典のなかでロドリゲスが新エスパーニャの文典を参照したことを明確に語る記述はない。しかしラテン文典、俗語文典が対象とする言語以外に対しても高い関心をもって、それらを参考にしていたことが、「不定法に就いて」に附された以下の部分に表れている。

　　ただ印度地方のある国民（certa nação da India）は一定の助辞を伴った不定法ばかりを用ゐて話すのである。（「不定法に就いて」土井1955／大文典1604：21v）

　ここでロドリゲスが触れているインドで話されている言語とはタミール語であると考えられる。フランシスコ・ザビエルに薫陶を受けたイエズス会士エンリケ・エンリケ（1520～1600）は史上最初のタミール語文典を執筆した。その写本の一つが日本に伝わっていた可能性がある[4]。少なくともこの一節はロドリゲスが日本語の不定法を考察する際に、ラテン文典、俗語文典以外の宣教師文典を参照したことを示している。

　ナワトル語とタラスコ語は類型論では抱合語に分類され、一つの語に含まれる形態素が非常に多く、それらを積み木を重ねるようにして語が形成される特徴がある。また動詞の語根が統辞論、語構成の中心であることで知られる。したがって核となる語根に様々な接辞が連接して語を形成されるという説明がよく当てはまる。日本語と同様にこれらの言語では尊敬と卑下を表す接辞もあ

る。

　ナワトル語の語根と接辞の例を挙げてみよう。

　その直説法現在形の人称変化は、以下のように示される。【表7】では語根cahua（去る）に（a）主語を表す接辞と（b）目的語を表す接辞が連接して（c）に「活用」する例を示す（Lockhart 2001：9）

【表7】ナワトル語の動詞活用の例

（a）主語を表す接辞

〔単数〕　　　　　　　　　　〔複数〕

ni-(n-)　　私　　　　　　　　ti-(t-)　　　私たち
ti-(t-)　　あなた　　　　　　am-(an-)　あなたたち
――　　　彼、彼女、それ　　――　　　　彼ら

（b）目的語を表す接辞

〔単数〕　　　　　　　　　　〔複数〕

nech　私を　　　　　　　　　tech　私達を
mitz　あなたを　　　　　　　amech　あなた達を
c/qui　彼を、彼女を、それを　quim(quin)彼らを

（c）cahua（去る）の接辞(a)(b)を伴った人称変化の例

niccahua　　私は（彼・彼女・それ）を去る　　niquincahua　私は彼らを去る
tinechcahua　あなたは私を去る　　titechcahua　あなたは私達を去る

（d）使役の接辞-ltiaをつけると、次のような意味になる。

niccaualtia　　私は彼・彼女を去らせる

このような様々な接辞が連接し、長い語を形成するという特徴を持つナワトル語の「動詞活用」をラテン文典の叙法と時制に基づいて、動詞の屈折として整理するのは困難である。オルモスは、新エスパーニャにおける最初のナワトル語文典（Olmos 1547）において、この言語では、ロマンス語（スペイン語やポルトガル語）と同じようにラテン語動詞にみられる語尾屈折の形で動詞活用は提示できないと断っている[5]。しかしオルモスはナワトル語文典（Olmos 1547）で語根（rayz）という用語を採用しなかった。

新エスパーニャで最初に「語」を語根（rayz）とその対になる活用語尾（terminacion）に分解したのは、ヒルベルティのタラスコ語文典（Gilberti 1558）である。しかしヒルベルティは、その翌年に出版したラテン文典（Gilberti 1559b）では、前例に従いラテン語に対しては語根を用いていない。

次にモリナによるナワトル語文典（Molina 1571a）では、名詞と動詞が二種類の音節（sillaba）から成ることが述べられ、それらはヘブライ語のように語根（rayz）と、時制や数を表す従属音節（sillabas seruiles）に対応するとされている[6]。またモリナはヒルベルティとは異なり、この方法論がラテン語にも適用できると考えていた。それは不十分な形であるが、ラテン語動詞における語根についての議論がモリナのナワトル語文典（Molina〔1571a〕1945：II30r）に見られることでわかる。

そして形態素として語根を明確に定義したのは【表6】のなかではラグナスのタラスコ語文典（Lagunas 1574）が最初であるといわれている。ここにおいて新エスパーニャの文典は宣教師文典として、他に先駆けて文法分析の単位を「語」から語根と接辞

という形態素のレベルに細分化することになったと評価されている（Monzón 1999：48）。

（5）新エスパーニャの文典と大文典の共通点について

共通点その（1） 【表8】では語根と活用語尾を各文典がどのように原語表記しているかを示した。ここで示されているように、大文典の語根（rayz）と活用語尾（terminação）には新エスパーニャの文典からの影響をみることができる。例外は Molina (1571) で活用語尾にヘブライ語の用語「従属音節」を用いている。

【表8】

文典	語根	活用語尾
Gilberti(1558)：タラスコ語	rayz	terminacion
Molina(1571)：ナワトル語	rayz	sillaba seruile（従属音節）
Lagunas(1574)：タラスコ語	rayz	terminacion
大文典(1604)：日本語	rayz	terminação

共通点その（2） 大文典と一部の新エスパーニャの文典には、両方とも「知って置くべき事であるが」（ポルトガル語では conuem a saber、スペイン語では conuiene a saber）という句を使った表現がみられる。これらは大仰な言い回しで、あまり何度も繰り返すとかえって文章の品位を下げるものであったかと想像される。

オルモス（Olmos 1547）の例を挙げると、

〇 En esa lengua se hallan todas las partes de la oracion como en la lengua latina, <u>conuiene a saber</u> nombre, pronombre, verbo...

(Olmos〔1547〕1993：15)
この言語（タラスコ語）には全ての品詞においてラテン語と同様のものがあり、<u>これは知って置くべき事であるが</u>、それらは名詞、代名詞、動詞… （私訳）

大文典ではポルトガル語で「知って置くべき事であるが」conuem a saber が十九箇所に表れる。
その例を挙げると、以下の通りである。

◎ Esta interjeicam se escreue com duas letras <u>conuem a saber</u> Naqui, Saquebu．（大文典1604：126）
この感動詞は Naqui, Saquebu の二字で書かれる事は<u>知って置くがよい</u>。（土井1955：460）

　実は conuine a saber は、新エスパーニャの文典が下敷きとしたネブリハのカスティリア語文典（Nebrija 1492）には全く使われていない。またラテン語で書かれたアルバレスのラテン文典、ネブリハのラテン文典にもこれに相当する表現はない。それからロドリゲスが参照した可能性のあるポルトガル語の俗語文典（Oliveira 1536. Barros 1540）にも全く表れない表現である。しかし、この言い回しは新エスパーニャのフランシスコ会士モリナに非常に好まれた表現であった。実際、モリナのナワトル語文典（Molina 1571a）には、実に本文117丁のなかで二十一箇所も使われている。
　モリナ（Molina 1571）の例を挙げると、

第三章　大文典における語根について　85

○ Donde parece claro, que de esta rayz del verbo amo. no ay sino dos letras: <u>conuiene a saber</u> . a. y. m...（Molina〔1571〕1945：32r）

　ラテン語の動詞「愛する」amo の語根とは最初の二つの文字に他ならない、これは<u>知って置くべき事だが</u>、それらは a と m である。（私訳）

　次に大文典は緒言を含めると三巻本242丁であるが、そのどこに「知って置くべき事だが」（conuem a saber）が表れているかを列挙してみると興味深いことが分かる。

【表9】大文典に現れる「知って置くべき事だが」（conuem a saber）

〔巻Ⅰ．緒言 iii-iiiv 例言 iiii-v 本文 1-80〕iiiv, 2, 8, 11, 21, 22v, 52v, 61, 66, 69v, 87, 87v, 88
〔巻Ⅱ．81-184〕108v, 109, 124, 125v, 126, 128
〔第Ⅲ．185-239〕なし

　これを見ると大文典の「知って置くべき事だが」（conuem a saber）という句は前半に集中している。そして巻Ⅱの後半には見られなくなり、巻Ⅲ「日本の文書における文体と数え方」では全く表れないことが分かる。実際、巻Ⅱ後半から「Aは、知って置くべき事であるが、Bである」という言い回しは使われず、多くの場合「A siginifica B」（AはBを意味する）のように単純明快に表現されるようになっている。
　ロドリゲスが大文典を執筆する際に、彼の手元に写本の形で先輩伴天連による文典があり、それらを参考にしたことを認めてい

る（大文典1604：iii）。特に大文典前半の品詞論、統辞論はそのような手本を参照したことは確実であろう。

　ひとつの可能性に過ぎないが、先輩伴天連の手になるそれらの文典はモリナ（Molina 1571）の影響を受けたスペイン語草稿を基にしたもので、それ故「知って置くべき事だが」という口吻を残したものではなかっただろうか。ところが大文典の巻Ⅲが扱う内容（日本語の書簡文、詩歌、文化的背景など）は、ロドリゲスが自他共に認める第一人者であったことで、先輩の文典を下敷きにする必要がなかった部分であったと考えられる。したがって大文典の後半（128v 以降）と署名のある大文典の緒言（iii-iiiv）はロドリゲスにとっての自然な文体を反映したために、「知って置くべき事だが」（conuem a saber）が使われなかったと考えられないだろうか。大文典の前半と後半を比較したさらなる文体の研究が必要であろう。

共通点その（3）　ネブリハはカスティリア語文典（Nebrija 1548）において動詞活用の出発点として二つの語基（fundamentos）を置いた。そのひとつが不定法の現在形であり、動詞の活用形の分類はこの不定法現在法の語尾の形に従うとされる（【表2】参照）。そしてもうひとつが、ネブリハが「（動詞の）基点」（primera posición）と呼んだ直説法現在の一人称単数現在形である。

　ヒルベルティのタラスコ語文典（Gilberti 1558）は、新エスパーニャの文典として初めて動詞を語根（rayz）と活用語尾（terminacion）に分けたことで知られるが、次の引用は、ネブリハのカスティリア語文典（Nebrija 1492）の定義を踏まえている。

第三章　大文典における語根について　87

○ se forma de la primera posicion o rayz del verbo quitada la terminacion．（Gilberti〔1558〕1987：132）
　　動詞から活用語尾を省いた語根は（動詞活用の）基点（primera pocition）である。（私訳）

つまりヒルベルティはネブリハを下敷きにして、タラスコ語では動詞の基点（primera pocicion）は、直説法現在一人称単数形ではなく、語根であると定義したのである。そして同様の言説はラグナスのタラスコ文典（Lagunas 1574）にもみられる。

○ Empero son como fundamento, o vasas para edificar, o como rayzes aptas a produzir, o primeras posiciones etymologicas.i. verdaderas,...（Lagunus〔1574〕1983：241）
　　しかしながら（語根）は、語源あるいは事実内容を作るための語基（fundamento）であり、それをつくるための器であり、基点（primera pocition）であり…（私訳）

これらの語彙、即ち語根（rayz）、語基（fundamento）、基点（primera pocicion）は大文典にほぼそのままの語彙で取り入れられている。
　大文典（1604：7）では、日本語の語根が動詞活用の principio「基礎（始まり）」であると述べられている。primera pocicion と principio はこの文脈では同意と考えられる。

◎ rayzes de todos os verbos pertencem todos os temps, & todos conjugacoes por serem principio...　（大文典1604：7）

語根は動詞の時及び法が作られる中心となり基礎となるもの
　　であるから…（土井1955：38）

また別のところでは日本語の語根は語基（fundamento）である
と述べられている。

　◎ A estas vozes podemos chamar vervo simples, idesst, por
　　conjugar, que por si não significa em quanto tal；ou rayz&
　　fundamento do verbo, o qual he necessario saber pera
　　conhecer por onde se conjuga o tal verbo, co meno a syllaba
　　ultima de tal rayz.（大文典1604：6v）
　　それが活用するといふ理由からして，それを単純動詞と呼び
　　得る。或いは動詞の語根（rayz）とも語基（fundamento）
　　とも呼び得る。動詞が何処から活用するかといふ事を理解す
　　る為には語根少なくとも語根の終の綴字を知る必要がある。
　　（土井1955：28）

　最後の引用部分でロドリゲスが、日本語の語根は語基であると
ともに単純動詞（verbo simples）であると述べていることにも
注目すべきである。これはナワトル語、タラスコ語の語根が接辞
なしでは、決して単独で「語」として使われることがないのに対
し、日本語の語根（連用形）は、それ自体で「語」として用いら
れる場合もあり、独立性が高いという重要な相違点を意識したも
のと考えられる[7]。

注

1） 〔 〕はオリジナルの出版本を表す。ただし、参照したのは1971年刊行の再版である。以下同。
2） ラテン語に複合語が全く存在しないわけではない。例として以下の二つを挙げる。

○ flōs, flōris（花）＋ coma（髪）→ flōricomus（髪に花冠を乗せた）
○ āla（翼）＋ pēs（足）→ ālipēs（翼のついた足を持った）

3） イエズス会はフランシスコ会の研究を受け継ぎ、特にナワトル語研究においてはフランシスコ会を凌駕したといわれている。1534年にパリで創設されたイエズス会が新エスパーニャに上陸したのは、フランシスコ会に約五十年遅れた1572年である。しかしその後十七世紀にはイエズス会は他の修道会を圧倒する経済的成功を新エスパーニャで収めるに至る。イエズス会が新エスパーニャにおいて最初に出版したナワトル語文典は Rincón（1595）である。さらにこれを足がかりとしてイエズス会士カローチによって出版された Carochi（1645）は、現代でもナワトル語文典の最高峰といわれている。
4） イエズス会士エンリケによるタミール文典は二十年の歳月をかけ、1566年ごろに成立したといわれている（Hein1977：135）唯一現存する写本（Henriques, S.J. Henrique, "*Arte dal Lingoa Malabar*"）は1954年にリスボン国立図書館の書庫で Nayagam 師によって発見された（Nayagam 1954）。筆者はこれを未見のため、ロドリゲスが大文典で述べているような不定法の用法が記載されているかどうかは不明である。
5） ○ Primeramente. Se porna la conjugacion. No como en las gramatica sino como la lengua lo pide y demanda, porque algunas maneras de dezir que nostros tenemos en nuestra lengua, o en la latinasta no las tiene.（Olmos〔1547〕1993：61）
　最初に動詞の活用を取り扱うのであるが、それは（ラテン）文法のようには表れない。その現地の言語（ナワトル

語）は、我々の言語（スペイン語）やラテン語に表れる語法が存在しないので、その言語に特有の方法で表される。（私訳）

6） これはヘブライ語の語構成に基づいている。モリナは音節としているが、ヘブライ語では母音は無表示であるのでこれらは子音を表す文字であるともいえる。即ちヘブライ語のほとんどの動詞と名詞は語根が従属文字にはさまれた○×××○の形を取る（ヘブライ語は右から左へ読む）。×××が語根となる三文字である。そしてそれらを前後に囲む最低二つの従属文字○が人称、数等を表す。ヘブライ語アルファベットのうち半分の十一文字は常に語根となり、後の半分の十一文字は語根となることもあれば、従属文字となることもある（Law 2003：249）。

7） ロドリゲスは語根が他の動詞に連接して複合語を作る場合、語根は動詞の示す様子を意味する分詞になると説明している。例えば語根「引き」が動詞「裂く」に連接した場合である引き裂く（fiquisaqu）はポルトガル語訳で rasgar puexendo すなわち rasgar（動詞「裂く」）puexendo（語根「引き」＝現在分詞「引かれて」）になるとしている（土井1955：35/1604：8）。

第四章　大文典における中性動詞について

(0) はじめに

　イエズス会士ジョアン・ロドリゲスは当時の西洋人にとっての規範文法であったラテン文法の範疇を利用して日本語文法論を大文典において展開したことで知られる。その一環として中性動詞というラテン語動詞の一範疇が日本語に導入されている。中性動詞とはラテン文典において伝統的に設定された動詞の五つの種（能動、受動、中性、共通、形式所相動詞）の一つである。本章では大文典（1604：69）の中性動詞の項目にのみアルヴァレス、ネブリハという当時のラテン文法の二大権威の名が引用されていることに注目した。大文典および小文典を通じて、アルヴァレスまたはネブリハからの引用が見られるのはこの箇所だけである。

　当時日本イエズス会では中性動詞という範疇を日本語において認めていなかったと考えられる。『邦訳日葡辞書』の解説（1980：20-21）にあるように『日葡辞書』（1603）のT、V、X、Yの項目の一部の動詞だけに「受動動詞」という注記が見られる。例えば「茹だる」は能動動詞（actiuo）「茹づる」の受動動詞（passiuo）であると注記されている（『日葡辞書』1603：325v）。これらの受動動詞は大文典の動詞論では中性動詞とされているものである。『日葡辞書』（1603）の全てに受動動詞（あるいは能動動詞）の注記が徹底されているわけではないが、少なくとも中性

動詞という呼称は全く用いられていない[1]。

　なぜロドリゲスは日本語の動詞の範疇に中性動詞が必要だと考えたのであろうか。

　それはロドリゲスが日本語の形容詞を「形容動詞」(verbo adjectivo) と呼び、動詞に分類したことと深く関わる。大文典にみられる日本語の形容詞は動詞であるという主張は、当時のキリシタン語学では革新的なことであった。ギリシア・ラテン語の伝統に立つ印欧語のすべてにおいて、形容詞は名詞の一部とされている。ロドリゲス以前のキリシタン文法でも当然のように日本語の形容詞は名詞の一部であるとみなされていた。したがって、たとえ印欧語ではない日本語を対象にしているとはいえ、日本語の形容詞が動詞であると主張するのならば、ロドリゲスはラテン文典の品詞論に沿った形で「形容動詞」を位置づけた上で、その分類の根拠を示す必要に迫られていたに違いない。

　そこで形容動詞の受け皿として中性動詞を大文典に導入することをロドリゲスは考えたのである。そしてその際にアルヴァレスとネブリハという当時の大家の権威を最大限利用したとみられる。

　本章はロドリゲスが大文典においてラテン文典における中性動詞をどのように日本語に適用したかを検討し、その過程におけるロドリゲスとラテン文法との関わり合いの一端を明らかにしたい[2]。

(1) 形容詞から中性動詞へ

　ラテン文法では固有名詞を除く普通名詞は二種に分類される。その一つが実体名詞（substantivum）と呼ばれる物や事の名称であり、もう一つが形容名詞（adjectivum）と呼ばれる様態を表

す名詞である。しかしラテン語の形容詞と名詞の距離は近く、その語形変化は名詞に準じ、そのまま名詞としても使用されることも多い。例えば形容詞 bonus「良い」(男性・主格・単数) が複数形になった boni は「立派な人々」という名詞としても使われる。当時のキリシタン語学における日本語の形容詞の理解もこれに倣ったものであった。しかしロドリゲスは大文典で「従来形容詞として通用したものが何故動詞であって名詞ではないかといふ事に就いて」と題し、以下のように記した。ここで先輩に当る伴天連がいうところの「我々の形容詞」とはラテン文典に倣って名詞に分類されたポルトガル語の形容詞である。

○今日まで，この国語に就いて規則を集めた，われわれの先輩に当る伴天連達は，語尾が Ai (アい)，ei (エい)，ij (イい)，oi (オい)，ui (ウい) に終る動詞によって我々の形容詞が大変うまく言ひ換へられたといふ理由に基づき，その動詞を形容詞であると独りぎめしてゐた。然しながら，その点を吟味してみるに，真実は動詞であって，その意味の上で形容名詞と一種の存在動詞とを一緒に兼ねて居り，さういふ動詞によって拉丁語の形容詞なり我々の国語のものなりが大変うまく言ひ換へられるのである事がわかるのである。これらは既に形容詞として受け入れられて来てゐるのであるから，それを動詞と呼ばうとするのは新奇なことのやうに思はれるであらう。(大文典：61v)

このようにロドリゲスは通説に異を唱え、大文典では日本語の形容詞は動詞であると主張した。上の引用では日本語の形容詞は

存在動詞の意味を含むということを動詞である根拠として挙げているに留まる。しかしロドリゲスは日本語の形容詞は時制を表現できるということをその根拠と考えていた。

　例えば「深い」「深かった」「深からう」は、動詞である「深い」が語尾を屈折させて現在、過去、未来という時制を表しているとみなしたのである（大文典：47v）。多くの印欧語の形容名詞も語尾は屈折するが、存在動詞の助けがなければ時制を表現することはできない。つまりローマの碩学ワルロー（紀元前116〜27）がラテン語の動詞を狭義に「時の詞」（verbum temporale）といったように、時制を表現する機能は動詞が持つ大きな特徴と考えられているのである（泉井1967：40）。この点でロドリゲスの着眼は印欧語の伝統を踏まえている。

　さて大文典（：61）では三種の形容詞が提示されている。第一種に挙げられているのが語尾に Ai（アい）、ei（エい）、ij（イい）、oi（オい）、ui（ウい）を持つものと助辞 Na（な）又は Naru（なる）の結合した形容詞である。そして第二種としては「の」で終わる「もろもろの」「数々の」のような活用のない連体詞を挙げている[3]。そして第三種としては非常に数は少ないものとして「の」を伴わないで名詞にそのまま接続する「こ」（小刀）、「をほ」（大雨）のような語を挙げている[4]。第一種の形容詞は名詞の前に置き修飾的に用いることも、名詞の後に記述的に用いることもできるが、第二、三種はともに名詞に前置し修飾的にしか用いられないとしている。

　この三種類のなかでロドリゲスが日本語で真正の形容詞と考えたのは第一種である。そしてこれらが存在動詞を内包した日本語に特徴的な形容詞であるとした。つまり「高い」「静かなり」の

ような、国語では「形容詞」「形容動詞」と呼ばれる活用のあるものを一括して「形容動詞」(verbo adjectivo)と名付け、日本語に特徴的な形容詞とみなしたのである。そして形容詞が記述的に用いられている「山が高い」という場合を基本形と考え、「高い山」というように修飾的に用いられる場合は、関係詞文「高くあるところのその山」であると考えた[5]。

このようにロドリゲスは日本語の形容詞を形容動詞とする議論を展開したが、次にそれがラテン文法の動詞範疇にどのように位置づけられるのかが問題となる。

(2) 形容動詞から形容中性動詞へ

大文典の日本語における人称動詞の分類を作成するにあたって、ロドリゲスが手本にしたのはアルヴァレスやネブリハが継承した伝統的な中世ラテン文典である。ロドリゲスの日本語の動詞分類を検討する前に、これら中世ラテン文典にみられる動詞の分類を概観してみよう。

ラテン語の定動詞は語尾の屈折によって基本的に以下の【表0】(1)～(4)の項目を表現することができる。amo(私は愛す)〔一人称、単数、能動態、現在時制、直説法〕を例にすると以下のようになる。

【表0】
(1) 人称と数　　　　　　　　　例. amamus(一人称複数)、
　　　　　　　　　　　　　　　　　 amat(三人称単数)
(2) 態(能動あるいは受動)　　　例. amor(受動態)
(3) 時制(未完了過去、未来など) 例. amabo(未来時制)

（4）叙法（直説法、接続法など）　例．amem（接続法）

　中世ラテン文典では、「態」の概念が用いられなくて（2）にみられる能動態と受動態を別種の動詞として分類するのが常であった[6]。したがって中世ラテン文典にみられる標準的な人称動詞の種類を列挙すれば次の五種になる。

【表1】中世ラテン文典における動詞の五分類
〔1〕能動動詞（activum）
〔2〕受動動詞（passivum）
〔3〕中性動詞（neutrum）
〔4〕共通動詞（commune）
〔5〕形式所相動詞（deponens）

　〔1〕と〔2〕は態において表裏の関係にあり、目的格補語を取る動詞の能動態と受動態の関係に言い換えることができる。つまり amo（私は愛する）が能動動詞であり、その受動態 amor（私は愛されている）が amor という受動動詞とされる。
　〔3〕の中性動詞は能動動詞とは異なり、人称受動態に転換できないものである。例えば、sto（私は立っている）に対して*stor（私は立たされている）というような受動動詞は存在しない。
　〔4〕の共通動詞とは一つの動詞で能動と受動の意味を兼ねるものである。例えば動詞 complector（私は抱擁する）は能動と受動の意味を兼ねている（抱擁し、同時に抱擁されている）と考える。そして最後に〔5〕の形式所相動詞は受動動詞の語尾 or を取るが、機能は能動動詞あるいは中性動詞であり、人称受動態

を持たない動詞群を指す。例えばutor（私は利用する）がそれである。

　能動動詞と中性動詞の対立は人称受身になる動詞、ならない動詞と捉えることが出来る。したがって能動動詞は対格補語をとるが、中性動詞の場合は、補語が必要な場合でも対格以外の補語を取り、さらに補語を全く必要としない「絶対的」と呼ばれる叙述度の高いものがある。

　さてロドリゲスは【表1】のラテン文典にみられた人称動詞の分類のうち〔5〕を省く〔1〕～〔4〕を日本語に認めた。そしてこのラテン語動詞の範疇に基づく動詞の分類を大文典（：68-69v）において日本語動詞の分類に適用している。その部分を整理すると以下の【表2】のようになる（この部分の日本語例にはポルトガル語訳はつけられていない）。

【表2】大文典におけるラテン文法に基づく日本語動詞の分類

〔①〕能動動詞

　├─普通能動動詞：語根にRare（られ）又はRe（れ）を加えて受動動詞が作られるもの。
　　　　　　　　　　例. Aguru（上ぐる）、Yomu（読む）、Narō（習ふ）。

　└─使役能動動詞：普通能動動詞の第一種活用にはその語根にSaxe（させ）を添え、第二種、三種活用にはその否定のNu（ぬ）を省いてXe（せ）を添えて作る。それ自身で受身とはならない[7]。
　　　　　　　　　　例. Aguesaxe（上げさせ）、Yomaxe（読

ませ)。否定では Aguesaxenu（上げさ
せぬ)、Yomaxenu（読ませぬ)。

〔②〕受動動詞

　普通能動動詞の語根に Rare（られ）又は Re（れ）が加えられたもの。

　例．Aguerare（上げられ)、Yomare（読まれ)、Narauare（習はれ)。

〔③〕中性動詞

　―普通中性動詞：語尾は能動動詞と同じだが Rare（られ）
　　　　　　　　又は Re（れ）を取って受動動詞とはな
　　　　　　　　らないもの。
　　　　　　　　例．Noboru（昇る)、agaru（上る)、yor-
　　　　　　　　ocobu（喜ぶ)。
　　　　　　　　Saxe（させ）又は Xe（せ）をとって使役
　　　　　　　　能動動詞をつくる。
　　　　　　　　例．Noborasuru（昇らする)、yorocobasuru
　　　　　　　　（喜ばす)。
　―絶対（又は規定）
　　　　中性動詞：語尾は能動動詞と同じだが Rare（られ）
　　　　　　　　又は Re（れ）を取って受動動詞とはな
　　　　　　　　らないもの。外部の事物には関係なく
　　　　　　　　絶対的であることを意味する。ポルト
　　　　　　　　ガル語であれば能動動詞に「それ自体
　　　　　　　　で[8]」という意の小辞 se を伴った形に

当たる。
例．Aqui,aqu（開き、開く）、Chiru（散る）、Cacururu（隠るる）、Tatçu（立つ）、Yomuru（読むる）。

―形容中性動詞：形容名詞と存在動詞の意味がひとつの語に含まれる。語尾に Ai（アい）、ei（エい）、ij（イい）、oi（オい）、ui（ウい）、Na（な）又は Naru（なる）の綴り字で終わり、書き言葉では Qui（き）で終わるもの。
例．Acai（赤い）、Xiguei（繁い）、Axij（悪しい）、Xiroi（白い）、Fidarui（ひだるい）、Aquiracana（明かな）。

〔④〕共通動詞

同一の語形によって能動も受動も意味し、普通に Rare（られ）、又は、Re（れ）を伴って受動動詞を作り得るものである[9]。
例．Xozuru（生ずる）、Tassuru（達する）。
この種のものには動詞 Xi（し）suru（する）と'こゑ'の名詞との複合したものがある。
例．Iucusuru（熟する）、Xoracusuru（上洛する）。

【表2】にみられるように、最終的にロドリゲスは形容動詞を「形容中性動詞」（verbo neutro adjectiuo）として中性動詞のひと

つに位置づけた。しかし〔③〕で示したような中性動詞の意味的な三分類は、同時代のラテン文典ではみられない特異なものであったようだ。それゆえロドリゲスは、それがラテン文法に根拠を持つ正統なものであると説明する必要があった。

(3)「文法家（たち）」による中性動詞三分類

　日本語に中性動詞という範疇を認めようとするロドリゲスの努力はアルヴァレスとネブリハからの「引用」で始まる。Antonioとはネブリハ（Elio Antonio de Nebrija）の事を指すと考えられる。

　　故に，この動詞の性質を根本から一層よく理解できるやうに，伴天連 Manoel Aluarez と Antonio が中性動詞に関して指摘してゐる事をここに引用しよう。即ち次のやうに述べてゐる。「文法家によれば，中性動詞は三種に分れる。その一つは能動を意味するものである。例へば，Ambulo（散歩する），curro（走る）。その二は他から動作を受けることを意味するものである。例へば Vapulo（打れる），fio（作られる），exulo（追放されてゐる）。その三は能動をも受動をも意味しないものである。例へば，Sedeo（座する），sudo（汗をかく），sto（立つ），algeo（寒く感ずる）。この種のものは，或いは目的分詞と呼び，或人は絶対中性動詞とも呼び，或いはまた規定中性動詞とも呼ぶ。」その第一種のものは，Faxiru（走る），ariqu（歩く），ayumu（歩む）等である。第二種のものは，日本人が持ってゐない。第三種のものが誤って新受動動詞と呼ばれた動詞である。尤も，かかる動詞は，文法家

が，例へば Frigeo（冷い）に就いて言ってゐるやうに内生受動又は自己受動（passiua innata, l. idiopathia）を意味してゐるが，新受動動詞と呼ぶのは正しくない。Samui（寒い），Fidarui（ひだるい），Nemui（眠い），Aqu（開く），Toruru（取るる），Yomuru（読むる）等も亦この種のものである。（大文典：69）

　上の引用文（以下「引用」）のなかでロドリゲスは「内生受動又は自己受動を意味する」第三種の中性動詞を「新受動動詞（passiuo nouo）」と呼ぶことは誤りであると指摘している。これは「新」（nouo）という語は欠けているが，（0）「はじめに」で指摘した『日葡辞書』（1603）の一部の注記に見られる「受動動詞（passiuo）」と同じ意味と考えられる。
　このロドリゲスが引用した「文法家」による「注釈」を整理し，ロドリゲスが付け加えた解説を〔　〕で表すと【表3】のようになる。

【表3】

「文法家」によるラテン語中性動詞
- ①能動を意味するもの。
  　例．ambulo（散歩する）、curro（走る）。〔日本語例．Faxiru（走る）、ariqu（歩く）、ayumu（歩む）〕
- ②受動を意味するもの。
  　例．Vapulo（打たれる）、fio（作られる）、exulo（追放されてゐる）。〔日本語にはない〕。
- ③能動も受動をも意味しないもの（絶対中性動詞又は規定中性動詞）。

例．Sedeo（座する）、sudo（汗をかく）、sto（立つ）、algeo（寒く感ずる）。文法家が例えば frigeo（冷たい）に就いて言っているように内生受動又は自己受動（passiua innata, l. idiopathia）を意味するが、新受動動詞と呼ぶのは正しくない〔日本語例．Samui（寒い）、Fidarui（ひだるい）、Nemui（眠い）、Aqu（開く）、Toruru（取るる）、Yomuru（読むる）〕。

【表3】①の「能動を意味する中性動詞」は主体が意志的に行うという意味で能動であるが【表1】〔1〕とは異なり受動態には出来ない。それに対して絶対中性動詞とは、主格が能動的に何かを為すのではなく、また外部からの作用を受動するのでもなく、ある状態又は可能性が主格の内部から表れ、それが他に作用を及ぼすことなく主格自体に留まっている状況を表す。したがって人間がコントロールしにくい sudo（汗をかく）や algeo（寒く感じる）などの生理的な現象を表す動詞が用例として挙がることが多い。また sedeo（座する）と sto（立つ）は能動的な動作を示しているように見えるが、これは sedeo と sto は能動的動作を示す以外に、そこに「固定している」「留まっている」というある状態を保っているという意味を持っているのでここに分類されていると思われる[10]。

実は、「引用」にみられる「文法家」による中性動詞の三分類に関する説明は、Antonio とロドリゲスに呼ばれたネブリハのラテン文典（Nebrija 1558）の本文のどこを探ってみても見つけることができない。その代わり以下のように中性動詞を五分類して論じている部分が本文にある[11]。

【表4】

ネブリハによる中性動詞の五分類

- 〔Ⅰ〕属格あるいは奪格を補語にとるもの。
  例. careo pecuniarum.（中性動詞 careo + 属格名詞 pecuniarum =「私は金がない」）。

- 〔Ⅱ〕与格を補語にとるもの。
  例. Mundus deo paret.（主格名詞 Mundus + 与格名詞 deo + 中性動詞 paret）=「世界は神に従う」。

- 〔Ⅲ〕前置詞なしに奪格のみを補語にとるもの。
  例. caleo igni.（中性動詞 caleo + 奪格名詞 =「私は火によって温かい」）。

- 〔Ⅳ〕前置詞 a 又は ab に導かれる奪格をとるもの。
  例. exulo a rege.（中性動詞 exulo + 前置詞 a + 奪格名詞）=「私は王によって追放されている」。

- 〔Ⅴ〕まったく補語を必要としない叙述度の高いもの。
  例. vivo =「私は生きる」。

　この中性動詞の五分類は、中性動詞がどのような補語を取るか（あるいは取らない）ということを基準にした形式的な分類であり、【表3】にみられる意味的な三分類とは性格がまったく異なっている[12]。しかし、ネブリハやアルヴァレスが手本としたような十三世紀前半頃までの中世ラテン文典では「引用」で紹介されている中性動詞の「能動、受動、絶対」三分類が採用されている場合が多い（Keil 1855.1859.1868）。

それでは大文典（1604）の時代、一般的に中性動詞という範疇はラテン文典においてどのように扱われていたのであろうか。

十六世紀の多くの人文学者は、中世末期の思弁文法が極端に哲学に傾斜したことに否定的な態度を取り、新しいタイプの明晰で実用的なラテン文典を執筆しようとしたことで知られる（Percival 2004b：241-242）。ネブリハのラテン文典（初版1481）はまさにその嚆矢であった。

動詞の分類においても様々な説が発表され、極端な例ではScaliger（1540）は動詞の伝統的な五分類（能動、受動、中性、共通、形式所相）を全て廃し、能動と受動の二元論で論じている。このように思弁文法を含めたそれ以前からの中世ラテン文典の見直しがなされるなかで中性動詞という範疇は人文学者のあいだでは敬遠される傾向にあったようだ。

その原因としては第一に、実用的な明晰さを優先するルネッサンス期の文法書では中性動詞の核となる絶対中性動詞の定義が曖昧であることが嫌われたとみられる。絶対中性動詞は中世ラテン文典に広く用いられたが、ある動詞が絶対的中性動詞であるかどうかを判断するのは困難なことが少なくなかった。例えばロドリゲスは大文典（1604：69）で「能動でも受動でもない」絶対中性動詞の用例としてsudo（汗をかく）とalgeo（寒く感ずる）を出典不明のラテン文典から引用しているが、他の中世ラテン文典（*Regvlae Averelii Avgvstini, Vol. V.* Keil 1868：514）ではこの二つの動詞はともに受動を意味する中性動詞の例としている。おそらくsudo（汗をかく）とalgeo（寒く感ずる）は外界の気温によって影響されるという意味において「受動」であるとみなしたためであろう。

第二には、アルヴァレスのラテン文典において顕著であるが、動詞を直接目的格をとる他動詞（verba transitiva）と直接目的格をとらない自動詞（verba intransitiva）によって二分して分析する手法が主流になって来ているということである。そのため中性動詞という範疇そのものが自動詞という範疇に発展解消されてしまう傾向にあったようである。

　このような潮流を受けたアルヴァレスのラテン文典 Alvarez（1572）、そしてその天草版 Alvarez（1592）では、動詞の分類において中性動詞を重視していないのが特徴なのである。アルヴァレスは動詞を能動動詞、受動動詞、共通動詞、形式所相動詞を独立した項目としているが、中性動詞には独立した動詞範疇を与えていない。ただし「中性動詞」という概念はあり、実際に説明の中で「中性動詞」という用語を使用している。しかしアルヴァレスは中性動詞の各種をできるだけ能動または受動動詞に分類しようと、四分類（能動、受動、共通、形式所相）を目指していたようだ。その結果アルバレスは中性動詞をネブリハ文典にある五分類のように正面きって論じないで、【表4】にあるネブリハの分類〔Ⅰ〕〔Ⅲ〕〔Ⅴ〕のような中性動詞は自動詞の説明の中で扱い、〔Ⅱ〕は「中性動詞の多くは与格を取る」（Alvarez 1572：130）の項目を設け、それらを列挙する方法を採っている。そして〔Ⅳ〕にあたるタイプを「中性受動動詞」（Neutrapassiua）（Alvarez 1572：148r）と名付け別項目を立てて説明しているのである[13]。

　したがって「引用」で述べられている中性動詞の意味的な三分類は、アルヴァレスのラテン文典（Alvarez 1572.1594）に見つけることができない。

それではロドリゲスは、いったいどこで「引用」にみられる「文法家」による中性動詞三分類とネブリハ、あるいはアルヴァレスとの接点をみつけたのであろうか。

それは、以下に示すネブリハのラテン文典（Nebrija 1558）の欄外注釈（以下「注釈」）においてであった。

Nebrija（1558）の本文は確かに【表4】にある五分類を採用している。しかしその本文に付された欄外の注記には「能動、受動、絶対」に三分類した次のような「注釈」がある。

ネブリハ自身の可能性もあるこの注釈者は、本文にある五分類とは違った観点でなされた中世ラテン文典に見られる中性動詞の三分類を参考のために提示したと思われる[14]。

その「注釈」部分を Nebrija（1558）から抜粋すると、以下の通りである。

> verba neutra ſignificātia actionē exigunt ante ſe nominatiuum pro pſona agente, vel faciente, vt ego ſeruio : quae vero paſſionem illā, aut idiopathiā l. paſſionem innatā, exigunt ante ſe nominatiuum pro perſona patienti, vt ego vapulo, ego frigeo. poſt ſe vero cū omnibus obliquis poteſt conſtrui, aut abſolutum eſt.（Nebrija 1558：FO. LXI）.
>
> 中性動詞は、能動を意味するものは、その作用を行う主格の名詞が動詞の前にある。例えば、ego servio（私は奉公する）。そして受動を意味する場合は作用を受ける人物がその位置にある。さらに自己受動又は内生受動（idiopathia l. passiua innata）と呼ばれる場合は、その作用が自己のなかで起こり、それを自己のなかでのみ受動する人物を

主格として表わす。例えば、〔受動を意味する例として〕ego vapulo（私は打たれる）、〔自己受動を意味する例として〕ego frigeo（私は寒い）。そして能動と受動を意味する中性動詞には斜格の名詞を〔補語として〕加えることが出来るが、自己受動を意味するものはそれら補語が付け加えられない絶対的なものである。（私訳）

ラテン語では語形変化によって名詞や動詞の文中で果たすべき役割が明示されているので、語順は自由であるが、多くのラテン文法家は主語→動詞→補語を自然な語順として理解しており、動詞がその左側にある主語と、右側にある補語を支配していると考えていた（Percival 2004a：237）。そのことが上の引用において主格の名詞が「動詞の前にある」という箇所に反映されている。

この「注釈」の内容を大文典（：69）の「引用」の最後のパラグラフと比較すると、どちらも動詞 frigeo を用例に用いており、順序は入れ替わっているが passiua innata, l. idiopathia（内生受動又は自己受動）というラテン語とギリシア語の両方の用語を並列させている箇所があり、内容も表記もよく一致している[15]。ロドリゲスがネブリハのラテン文典にあるこの「注釈」を参照したと見て間違いないだろう。しかしロドリゲスはネブリハ文典の「注釈」にはない中性動詞の用例（ambulo、curro 等）も挙げているので、ロドリゲスがネブリハ、アルヴァレス以外のラテン文典をも参照した可能性もある。

つまりロドリゲスはネブリハの文典の欄外にあった「注釈」のなかに中性動詞の「能動、受動、絶対」という三分類を見つけた

が、それを大文典（：69）に引用する際には、できるだけ二大権威、アルヴァレスとネブリハがこの分類を支持しているように思わせる書き方を工夫したとみられる。

そしてロドリゲスは、その三分類のなかの「能動を意味する中性動詞」を「普通中性動詞」と名づけた。また日本語には vapulo（鞭打たれる）、exulo（追放されている）のような「受動を意味する中性動詞」が見当たらないということで、その代わりに「形容中性動詞」を加えた。最後に、それまでのキリシタン語学では、受動動詞の一部とみなされていた動詞群を絶対中性動詞と再定義することで【表2】〔③〕の「普通、絶対、形容」という日本語の中性動詞の三分類が完成したのである。

（4）大文典における絶対中性動詞とは何か

ロドリゲスが【表2】〔③〕で提示した日本語における中性動詞の三分類で核になるのが絶対中性動詞である。ロドリゲスが日本語の絶対中性動詞というときそれはどのような意味であったのだろうか。

ロドリゲスは、日本語の絶対中性動詞とは、ポルトガル語では能動動詞に小辞 se を加えた表現と説明している。現代ポルトガル語では動詞（自動詞または他動詞）に再帰代名詞 se を加えた再帰動詞は総称して代名動詞と呼ばれる。ポルトガル語の動詞は能動動詞（他動詞）が中心であり、代名動詞（能動動詞＋se）の主要な機能のひとつはそれら能動動詞を自動氏に転換することである。例．sentar（腰かけさせる）→ sentar-se（腰かける）。

そしてポルトガル語で代名動詞「能動動詞＋se」の形に翻訳されるのは絶対中性動詞だけであると主張しているように見えるが、

ロドリゲスの意図は異なっていたようだ。大文典を読み進むとロドリゲスは、日本語の中性動詞のすべてのタイプがほとんどの場合ポルトガル語の代名動詞にあたると考えていたことが明らかになる。

　○前述した中性動詞の大部分は，葡萄牙語では，それ自身といふ意の助辞 Se によって言ひ表わされるものであるが…（大文典：70）

　また使役の「スル・サスル」が接続できるのは普通中性動詞だけの特徴であると主張しているようにも見える。しかしこれもロドリゲスの真意ではないと思われる。確かに絶対中性動詞の派生形（他の動詞から派生したもの、例.「読む」から派生した「読むる」）には「スル・サスル」が接続できない。しかし、例えば「開く」や「集まる」のような固有形の絶対中性動詞には「スル・サスル」が接続できることをロドリゲスは気づいていた可能性が高い。

　しかし日本語の絶対中性動詞に相当するとしたポルトガル語の代名動詞といっても「能動動詞＋se」全般を指すのではなく、そのなかでも特殊なものであると考えていたようである。そこでまず絶対中性動詞に対比されるポルトガル語の「能動動詞＋se」の主な用法を整理しておこう。次の八項目が代表的なものと思われる[16]。

【表5】ポルトガル語における代名動詞「能動動詞＋se」の主たる用法
（ⅰ）再帰動詞：se 付きでないと使われない動詞。
　　：例. comportar-se（振る舞う）

(ⅱ) 他動詞の自動詞化：対格補語としての se を伴う。
　　：例．acercar-se（近づく）← acercar（近づける）
(ⅲ)「自分自身を」を表す場合
　　：例．jogar-se （身を投げ出す）
(ⅳ)「自分自身へ」：動作が自分に帰るような場合。
　　：例．lavar-se（自分の体を洗う）
(ⅴ)「おたがいに」：複数の主語の動作が相互的な場合。
　　：例．Os dois irmãos se reprocham seus vícios．（二人の兄弟は互いの欠点をなじりあっている。）
(ⅵ)「〜になる、変わる」
　　：例．ruborizar-se（赤面する）
(ⅶ)「無人称の se」で能動の意味を持つ受身をつくる。
　　：例．A história se repete．（歴史は繰り返す。）
(ⅷ)「無人称の se」で可能性を表す。
　　：例．A porta se abre facilmente．（戸は簡単に開けられる。）

なお現代のポルトガル語文法では（ⅶ）と（ⅷ）の「無人称の se」を使った用法はどちらも受動態であるとみなされている。

それではロドリゲスが日本語の絶対中性動詞として挙げた用例（大文典：69）は（ⅰ）〜（ⅷ）のどのタイプにあてはまるのだろうか。ただしロドリゲスが挙げた用例のなかにある Tatçu「立つ」はこの考察から除外することとする[17]。

まず、生理的現象のように人間がある状態に不可抗力的になるということを表す動詞がある。

　　○「寒い」「ひだるい」「眠い」

これらは（vi）「〜になる、変わる」というタイプに入るとみられ、中世ラテン文典で説かれた「能動でもなく受動でもない」絶対中性動詞と一致する。

　次にロドリゲスは絶対中性動詞を派生型と固有型に分けて用例を列挙している。派生型と固有型はともに大半が無生物のみを主語にとるタイプの動詞である。

○派生型：受動動詞に傾いて第二種活用（四段活用）から派生し、ある可能性を持つことを表す絶対中性動詞：聞くる（←「聞く」から派生）、読むる（←読む）、切るる（←切る）、取るる（←取る）、知るる（←知る）。

○固有型：固有の絶対中性動詞：開く、散る、集まる、懸かる、下がる、延ぶる、隠るる（「散る」と「隠るる」はロドリゲス自身が固有型として挙げたものではなく筆者がここに加えた）。

　このうちの派生型は（viii）の「無人称のse」を使った可能性を表すタイプにあてはまると考えられる。一方、固有型は（vii）の「無人称のse」を使った受身で能動の意味を表す用法にあてはまるとみられる。これら絶対中性動詞の用例を列挙した後ロドリゲスは絶対中性動詞について以下のように述べている。

　　全般に日本語にはかかる動詞が甚だ豊富なので，我々の国語ではそれを受動動詞で言ひ表す必要がしばしば起こって来る。然しながら，ある動詞が正しく受動動詞であるが為には，誰から動作を受けるとかいふ意味が伴はなければならないが，

それがないのであるから，正しくは中性動詞なのである。(大文典：69)

ロドリゲスがここで「日本語にはかかる動詞が甚だ豊富である」というときの「かかる動詞」とは先に挙げた人間を主語にとるタイプの絶対中性動詞（寒い、ひだるい etc.）ではなく無生物が主語となる派生型と固有型の絶対中性動詞を指している。そして上の引用のなかでポルトガル語では受動動詞と見なされているが、実は（特定の）誰から動作を受けるとかいう意味が伴っていないので中性動詞であると指摘しているのは、(vii) と (viii) にある「無人称の se」の用法を指すと考えられる。

またロドリゲス以前のキリシタン文法も「無人称の se」用法を受動動詞とみなしていたことは『日葡辞書』(1603) 所収の一部の動詞に対する能動動詞または受動動詞の注記によっても確認できる。前述の（0）「はじめに」で挙げた「茹づる」（能動動詞）→「茹だる」（受動動詞）の対応は、ポルトガル語では cozer (actiuo) → cozer-se (passiuo) となっている（『日葡辞書』1603：325v)。例えば「ヒトが麺を茹づる」が「麺が茹だる」になるときにはポルトガル語では「無人称の se」を使った表現になるのでこれを能動動詞から受動動詞に転換したと注記しているのである。

これはロドリゲスが、ポルトガル語では「無人称の se」を使った表現にあたる日本語表現を絶対中性動詞と考えたのに対し、『日葡辞書』(1603) の編者たちは「受動動詞」と理解していたことを示す。

さらにロドリゲスが日本語の絶対中性動詞に対応する代名動詞（能動動詞＋ se）にみられる再帰代名詞 se は「それ自体で」(por si）という意味であることを強調しているのも見逃せない。ロドリゲスはこのような再帰代名詞 se に言及する際に大文典では"se i. por si"という形で、小文典では "se idest por si" のように、「se すなわち por si」という但し書きを必ずつけている（大文典では二箇所、小文典でも二箇所）。【表5】で示したようにポルトガル語の能動動詞に伴う se は常に「それ自体で」という意味を担うわけではない。したがってロドリゲスが se に必ず「por si」（それ自体で）と注記したのは、日本語の絶対中性動詞に相当するポルトガル語「能動動詞+ se」とは「無人称の se」と呼ばれる（vii）と（viii）の用法に限定していたことを示していると考えられる。

(5) おわりに

　ロドリゲスは日本語の形容詞をラテン文法に倣った動詞の分類に位置づけるためには、中性動詞の三分類「普通、受動、絶対」という意味的な三分類を導入することが適切であると考えた。

　ところが、当時のラテン文典では、そのような中性動詞の分類はもはや主流ではなく、ネブリハのラテン文典の欄外注釈にしか見られない過去の手法となっていた。大文典で、アルヴァレスとネブリハが「文法家（たち）」による中性動詞の三分類を紹介しているという回りくどい「引用」しか出来なかったのはそのためである[18]。それでもロドリゲスは両権威を「引用」の紹介者とすることによって、ラテン語中性動詞の三分類は、伝統的な分類法であり、いまだに尊重されているということを読者に印象づけようとしたとみられる。

　このようにロドリゲスは、同時代に主流であったアルヴァレスやネブリハによるラテン文法の枠を、無理をおかして日本語に押

しつけていたのではなかった。それどころか日本語に中性動詞を導入する場合には、日本語に適したラテン語中性動詞の枠を、主流ではなかった中世ラテン文典から採用するという柔軟な態度を示したのである。

注
1）　土井博士は「日葡辞書の編者に就いて」（土井1942：55-106）において、大文典（1604）の著者J．ロドリゲスは『日葡辞書』の編纂には関与しなかったことを方言区画の表示が両書では異なることを始めとする十三の理由を挙げて論証された。ロドリゲスが主張する中性動詞という呼称が全く『日葡辞書』に用いられないで、一部において受動動詞と呼ばれていることもロドリゲスが『日葡辞書』の編纂に関与しなかったことの傍証になるのではないだろうか。
2）　ネブリハ（1444〜1522）のラテン文典の初版は Nebrija（1481）であるが、ネブリハの死後も多くの版を重ねた。ネブリハによるラテン文典についての書誌学的研究 Salor（2008：166-167）によれば1613年までに八十六版が確認されている。土井博士は1533年版を参照されたと大文典（1955：271）の脚註にあるが筆者はこの版は未見である。本章では筆者が閲覧できた最もロドリゲスの時代に近い Nebrija（1558、アメリカ議院図書館蔵）を主として参照した。なお同書の1540年版と1552年版は Google Books に全文公開されている。本章で課題となっている中性動詞に関する項目を1540年版、1552年版、1558年版のあいだで比較してみると注釈を含め、細かな表記法以外の異同は見あたらない。

　イエズス会士アルヴァレス（1526〜1582）のラテン文典に関しては大塚光信氏蔵のアジュダ文庫蔵本ファクシミリ Alvarez（1572）を主として参照させていただいた。また Alvarez（1595、ケンブリッジ大学図書館蔵）も参照した。さらに天草版アルヴァレス文典 Alvarez（1594）は天理図書館善本叢書ファクシミリ版（1974）を参照した。イエズス会の公認のラテン語教本であったのはアルヴァレスの文典で、ネブリハのラテン文典以上に版を重ね、十九世紀ま

で流布したといわれる。しかし管見に入った限り、ネブリハのラテン文典に関する Salor（2008）のような書誌学的研究はアルヴァレスに関しては存在しない。中性動詞に関する項目では天草版アルヴァレス文典（Alvarez 1594）はアルヴァレス文典初版（Alvarez 1572）に忠実であるが、ローマで出版された同時期の Alvarez（1595、ケンブリッジ図書館蔵）にはかなりの加筆がみられる。

3) 大文典（1604：61）では語尾が「の」で終わる第二種は「正しくこの国の形容詞」、つまりラテン文法における名詞の一部である形容名詞であるとされている。しかし小文典（1620：15v）では、この「の」は厳密には日本語の属格をつくる「の」であると記されていて、ロドリゲスは「さまざまの」などは形容詞ではなくむしろ名詞の属格であると考えている。

4) 小文典（1620：15v）では、大文典（1604）で挙げられた「こ」（小）「をほ」（大）を含めて採録できた第三種の形容詞としては以下の六例だけであるとしている。それらは「こ」（小刀）、「を」（小舟）、「おほ」（大雨）、「みな」（皆人）、「悉く」（悉く参った）、「皆悉く」（皆悉く死んだ）である。

5) 現在もロドリゲスの形容動詞論は日本語教育に生かされている。印欧語を母語とする日本語学習者には日本語の「形容詞」を「形容的（記述的）動詞」と考える方が理解し易いようである。例えば英ケンブリッジ大学日本語学科で用いられている『初級日本語文法』（Bowring/Laurie 2002）にある「記述的動詞」（descriptive verbs）の説明を見てみよう。

> 11.2 Descriptive verbs
> （京都は）古い町ですね。
>
> There is a temptation to asssume that because the word 'old' in English sentence 'Kyoto is an old town' is an adjective, its Japanese counterpart here, 古い, is also an adjective ; but this temptation should be resisted. It is in fact a kind of verb and inflects accordingly : 古い means 'is old' and so 古い町 is literally 'a town which is old'. (p. 110)

ここでは例文「京都は古い町ですね。」(Kyoto is an old town.) における日本語「古い」は、英語 'old' のように形容詞ではなく、'is old'という記述的動詞（descriptive verb）という動詞の一種であることが指摘されている。そして「古い町」は関係詞文（a town which is old）であると説明されている。そして以降、同書では「新しい」「赤い」「高い」といった（国語の）形容詞はすべて記述的動詞として扱われている。これは全くロドリゲスによる形容動詞（verba adjectivo）の論を踏襲したものである。

6） 中世ラテン文典の歴史的概説に関してはBursill-Hall（1977）を参照した。

7） 明らかにこれらの動詞は「読ませられる」のようにRare又はReによって受身になると考えられる。しかしロドリゲスはsaxerare（させられ）xerare（せられ）は尊敬を表す複合動詞を作るための助辞であると分類していた（大文典1604：69v）。

8） 大文典（1955）ではpor siが「それ自身を」と和訳されているが、小文典（1993下：38）では「それ自体で」と訳されている。筆者はここではpor siを「誰の助けも得ずに独力で」と解するので「それ自体で」を採用した。

9） 能動と受動の意味を兼ねる共通動詞が受動動詞になるというのはラテン文典における共通動詞とは異なるロドリゲス独特の定義である。

10） 例えば、中世ラテン文典のひとつ *Regvlae Averelii Avgvstini, Vol. V.*（Keil 1868：514）においても sto（立つ）、sedeo（座る）は「能動でも受動でもない」中性動詞とされている。

11） Nebrija（1558：FO.LXI～LXXII.）ここで注意しておきたいのは、このようにラテン文典に表れる中性動詞は、目的格をとらない自動詞だけではなく目的格をとるものも含むということである。確かに〔Ⅴ〕のような叙述度の高い絶対的な自動詞もあるが、中性動詞には〔Ⅱ〕のなかにみられる与格を目的格に取った他動詞的な意味を持つものが多くある。また〔Ⅴ〕は補語を取らないというものの同族目的格を取ることは可能で vivo vitam（中性動詞 vivo＋目的格補語）＝「私は人生を生きる」と表現される事がある。ただし同族目的語を主格にした受動態＊vita vivitur＝＊「人生は生きられ

12) 土井博士は大文典(1955)の注釈ではNebrija(1533)を参照された上で「文法家(たち)」による中性動詞の三分類は【表3】のネブリハによる中性動詞の五分類が三分類に要約されたものであると考えられ以下のような対応関係を提示された(大文典1955:270脚注4)。

○土井博士による「文法家」の三分類とネブリハの中性動詞五分類の対応(大文典1955:270)

ラテン語中性動詞
―①能動を意味する＝ネブリハの分類〔Ⅴ〕
―②受動を意味する＝ネブリハの分類〔Ⅳ〕
―③絶対中性動詞　＝ネブリハの分類〔Ⅰ〕〔Ⅱ〕〔Ⅲ〕

しかし〔Ⅱ〕の与格を取る中性動詞には絶対中性的というよりも、servio(奉公する)やcaedo(〜をむち打つ)のような能動を意味するものも多数あるので、その全てを③絶対中性動詞に含めるのは無理があるのではないだろうか。【表2】のネブリハによる五分類は、中性動詞がどのような斜格をとるか(あるいはとらない)ということを基準にした形式的な分類であるので、「注釈」の「能動、受動、絶対」という意味的な三分類とは必ずしも合致しないのではないだろうか。

13) アルヴァレスの死後ローマで出版されたAlvarez(1595:269-280)では、ネブリハ文典に見られる中性動詞の分類が加筆されている。その第二巻初「八品詞とその構成について」にネブリハと同様にその支配する補語にもとづく中性動詞の分類六種の加筆がみられる。これはネブリハによる中性動詞五分類に【表3】〔Ⅴ〕のなかで同族的目的語を取る場合を別項目にして六種としたものである。ネブリハの文典に見られる中性動詞の五分類はラテン語学習者にとって好評であったことが伺われる。しかしこのAlvarez(1595)にも中性動詞の三分類(能動、受動、絶対)への言及はみられない。

14) 電子版によると1540年版ではFO.LXIX. 1552年版ではFO.LXI.に同様の「注釈」が欄外にある。ネブリハの生前、彼のラテン文典は1495年版から1522年に没するまで、二十四回も改訂版が出版され

た。その際にネブリハ自ら本文に加えて多くの欄外注釈を書き加えたことが指摘されている（Percival 2004：102）。したがって、筆者は未見であるが、これら1495〜1522年に出版されたネブリハのラテン文典を検討すれば中性動詞に関する当該の注釈がネブリハ自身によって付け加えられたかどうかが確定できると考えられる。

15) passiua innata（ラテン語）はギリシア語 ἰδιοπαθή の訳であり、ラテン語綴りの idiopathia（ポルトガル語の綴りでは idiopatia）というギリシア語起源の単語は現代のポルトガル語辞書では「突発的な疾病」という医学用語としか挙げられていない。しかし少なくとも1813年のポルトガル語辞書（*Dicionario de Lingua Portuguesa.* Morais 1813）（筆者は未見）に「再帰動詞の性質」（qualidade de verbo reflexo）という語意があったことがポルトガル語語源辞典（1977）で確認できる。また中世ラテン文典集成の第II巻 Keil（1855）と第III巻 Keil（1859）は、当時最も標準的とされていたといわれるプリスキアヌス（紀元後六世紀前期）による『文法学綱要』*Institutione grammaticae* を収録している。このなかでも ἰδιοπαθή という言葉はギリシア語で相互的（reciproca）あるいは自己受動（sui passiua）という意味であり、補語を必要としない叙述力の強い絶対的なタイプの動詞の性質を意味するとある（Keil 1859：270）。

16) 高橋（1967）、田所（2004）、Hutchinson（1996）を参考に筆者が作成した。

17) ロドリゲスは「立つ」を「隠るる」を並列させて絶対中性動詞の用例として挙げている（大文典1604：69）。これらは人間が主語であれば明らかに能動的な行動を意味するので普通中性動詞に含めるべきである。しかし「月隠るる」「春立つ」のように無生物を主語にする自然現象の場合は絶対中性動詞と考えてよいだろう。「隠るる」には（escondar-se）という無生物主語を取ることが可能なポルトガル語訳が付けられている。しかしながらロドリゲスは「立つ」に対して「立ち上がる、行くあるいは出発する」（aleuantar-se、yr-se、ou partir-se）という明らかに人間が主語となる能動の動作を表すポルトガル語訳を付け加えている。ラテン文典で能動的な意味も合わせ持つ sto（立つ）が常に絶対中性動詞の代表例

として挙げられているのでこれに引きずられて日本語でTatçu（立つ）もいかなる意味においても同じ絶対中性動詞であると錯覚したのであろうか。
18) 土井博士（土井1982：82）はポルトガル人イエズス会士であるロドリゲスは、スペイン人でイエズス会士ではなかったネブリハに反感を持っていたと考えられた。そして、ロドリゲスはアルヴァレスの文典には中性動詞をネブリハのように下位分類するという一条が全く見られないのにもかかわらず、あえてアルヴァレスの名を「断り書き」として付け加えたのではないかという卓見を出された。確かにポルトガル人イエズス会士が主たる読者と考えればネブリハよりもアルヴァレスが適任である。またロドリゲスが引用した中性動詞の三分類はネブリハの創見ではなく、当時のラテン語学習者にはごく常識的なものであったようなので、アルヴァレスの名をここに加えることに問題はなかったであろう。

第五章　大文典の「条件的接続法」から
　　　　　小文典の「条件法」へ

(0) はじめに

　イエズス会士ジョアン・ロドリゲスに日本語の文法書として長崎で刊行された大文典とマカオで刊行された小文典がある。どちらも基本的にはラテン文典の枠組みを使って日本語を説明しようとしたものである。当時の西洋人にとっての「文法」とはラテン語の規範を指しており、それに基づきロマンス諸語の文法を体系的に記述することは十五世紀末に始まったばかりであった[1]。ロドリゲスの母語であるポルトガル語でさえ初めての文法書がラテン語文典に倣って出版されたのが1536年であった[2]。ロドリゲスは1588年から一年あまり、八良尾と有馬のセミナリオでラテン語教師を務めたことがありラテン語と日本語の根本的な相違には熟知していたと想像されるが、当時、規範となる文法体系はラテン語だけに備わっていたと思われていたので、日本語の文典を執筆する際にもラテン文典を出発点とする以外に選択肢はなかった。

　ロドリゲスは三巻本の大文典の巻Iで、名詞、代名詞の語形変化に関する短かい説明に続いて、多くの頁を費やし日本語の動詞をラテン語の「法」を使って説明しようと試みている。ラテン語では話者の心的態度が動詞の活用形に直接反映され、それが直説法、接続法、希求法、命令法、不定法という区別につながる。しかし日本語では動詞に助動詞、補助動詞や終助詞を連結させてよ

り細かな話者の心的態度を表現するという大きな相違がある。

　例えば、動詞「負く」に様々な付属語を加えて「負けきこえさせたまはずなりにけり」と表現されることがある[3]。ロドリゲスはこのような日本語の動詞に接続する助動詞、助詞の説明を大文典巻Ⅱで不完全ながら補っている。

　さてラテン文典では「もしも～すれば、～であろう」のような、条件節と主節からなる条件文は接続法の一用法とされるのが普通である。大文典はこの伝統に則り、仮定条件を表す日本語の条件節を「条件的接続法」と名付け、接続法の下位においた。しかし小文典では、同じ仮定条件節が「条件法」として、接続法とは異なった独立した法とされていることに注目したい[4]。この変化は既に大文典のなかで起こり始めていることが土井博士によって以下の様に指摘されている。

　　（大文典の条件的接続法は）『大文典』でも二巻あたりから、
　　条件法とだけ呼んで、接続法からは独立せしめ、『小文典』
　　でも接続法に対立するものとして条件法の名称を用ゐたので
　　ある。（土井1982a：151）

　本章では大文典の条件的接続法が小文典でこのように条件法に変身を遂げたことの意味を掘り下げて検討してみたい。そのために大文典ならびに小文典の淵源となったポルトガルで出版されたアルヴァレスのラテン文典（1572）にまで遡って考察したい。日本イエズス会は1594年にこのアルヴァレスのラテン文典（Alvarez 1572）を土台に、日本でのラテン語教本として天草版ラテン文典（1594）を刊行している。したがって本章ではアルヴァレス

のラテン文典（1572）→天草版ラテン文典（1594）→大文典（1604）→小文典（1620）という順序で検討していきたい。

(1) アルヴァレスのラテン文典（1572）と条件法について

アルヴァレス（Manuel Álvares）はポルトガルのマデイラ島のRibeira Bravaに1526年に生まれ、Evoraで1583年に死去したが、ラテン語、ギリシャ語、ヘブライ語の有能な教授でイエズス会士でもあった。アルヴァレスのラテン文典（1572）は、ポルトガルで1572年に出版されて以来、ヨーロッパ各国で長い間重版され、十九世紀までに六百版を重ねたといわれている[5]。

同書は三部構成になっているが、その内容は中世の思弁的文法から脱したルネッサンス期におけるラテン文法書に見られる四部門、すなわち① etimologia（品詞論）② sintaxe（統語論）③ prosódia（音韻論）④ ortografia（正書法）を全て網羅している。また動詞の法に関する説明は「品詞論」の名詞の曲用の後に置かれている。

それではアルヴァレスのラテン文典（1572）では条件節がどのように説明されているだろうか。「Si + 接続法」（もし～ならば）を例にして見てみよう。まずアルヴァレスによる接続法の定義を掲げておく。それはある文で述べられている事柄がそれに結びつく文で述べられている事柄よりも先に実現しているという従属的な意味をつくるための「動詞の特別な活用」であり、それらはCum、Quod、Si、Nisi、Dumといった助詞で導かれる文であるとする[6]。そしてアルヴァレスは従属節における接続法の動詞活用を、【表0】のように、cum（～した時/して以来、ポルトガル語訳como～）を伴う接続法動詞の活用を中心として、活用表の

【表0】ラテン語第一活用動詞 amo（愛す）の接続法現在形の抜粋 (アルヴァレスのラテン文典1572：24v)

①条件節の三つの形式〔　〕アルバレスによるポルトガル語訳	②ラテン語 Cum で導かれる条件節の人称変化	③ポルトガル語 Como で導かれる条件節の人称変化
Quamuis amem （たとえ私が愛しても） 〔Posto que eu ame〕 Si amem （もし私が愛さば） 〔Se eu amar〕 Nisi amem （もし私が愛さねば） 〔Se eu nam amar〕	Cum amem （私が愛せば） ――Ames （あなたが～） ――Amet （彼・彼女が～） Pl. Cum amemus （私達が～） ――Ametis （あなた達が～） ――Ament （彼等が～）	Como eu amo, ou amando eu Como tu amas Como elle ama Como nos amamos Como vos amais Como elles amam

（　）は日本語私訳

中央に配置している。そして他の助詞 si（もし～したら、se～）、nisi（もし～しなかったら se～nam～）、quamvis（たとえ～でも post que～）を用いた場合の動詞の活用は cum の凡例に従うようにという形で示されている。

　動詞の活用の形（amen、ames amet…）は、助詞が cum でも quamvis でも si（または nisi）でも同じであるので、このように cum が伴う動詞活用を中央に挙げて左側の cum 以外の助詞もこれに準ずるという形式を採用し、右側にポルトガル語訳（como～）を付している。これは動詞の活用（接続法）だけによって話者の態度を表すことの出来るラテン語の教本としては十分な説明であろう。

(2) 天草版ラテン文典（1594）と条件法について

　ロドリゲスは大文典の緒言で、彼に先んじて日本で活動していた先輩キリシタンの影響を受けたことをはっきりと認めている。

> 私がこの文典を編纂するに当っては，我々の伴天連の数人が言葉に関して作った数種の覚書で，写本によって行われてゐるものの援助を受けた。（大文典 iii）

　これらの覚書や写本等は現存しないのでその内容は想像するしかないが、唯一、ロドリゲス以前のキリシタンによる日本語理解を垣間見させるのは天草版ラテン文典（1594）である。これはアルヴァレスのラテン文典（1572）を原本とし、日本でのラテン語学習の教科書として天草で印刷されたものである。土井博士は天草版ラテン文典（1594）と大文典（1604）の日本語資料からの引用を比較検討した。その結果ロドリゲスは天草版ラテン文典（1594）の日本語資料となった覚書や写本も参照した可能性が高いと結論づけ、両本は親子関係というよりも姉妹関係であると指摘している[7]。

　天草版ラテン文典（1594）にはラテン語の動詞活用表に日本語訳とその解説が付け加えられている（Alvarez 1594：12v-62）。
このような部分を検討することで当時のキリシタンによる日本語理解の一端を伺うことができる。

　まずラテン語の接続法を説明した章（De modo coniunctiuo）では、ギリシア語、ラテン語、ヘブライ語においても接続法に相

違があるように、日本語においても相違があることを述べるとともに、日本語では時制は、現在（例.Vomoyeba）、過去（例.Vomotareba）、未来（例.Vomouozureba）の三つを区別するのみであると述べている[8]。そしてその後に助詞「時」「に」「ところ」を用いた接続法もあると説明している[9]。ここには天草版ラテン文典の編纂者が、日本語の接続法は複雑で、彼らの知る西洋の言語のそれとは異なることをはっきりと認識していたことが表れている。

　さらに天草版ラテン文典はリスボン版ラテン文典（Alvarez 1572）の七種類の法に基づく動詞の活用形に日本語訳を掲げている。その七種とは下の①〜⑦である。なお例として amo（愛する）の一人称現在時制の天草版ラテン文典（Alvarez 1594）にある日本語訳を挙げておいた。

①直説法（modo indicativo）　　　例：Taixetni vomô
②命令法（modo imperativo）　　　例：vomoye
③希求法（modo optativo）　　　　例：Auare vomoyecaxi
④接続法（modo subjunctivo）─┬─cum ＋接続法
　　　　　　　　　　　　　　　　　例：vomoyeba
　　　　　　　　　　　　　　├─si ＋接続法
　　　　　　　　　　　　　　　　　例：vomouaba
　　　　　　　　　　　　　　└─quamuis ＋接続法
　　　　　　　　　　　　　　　　　例：vomoyedomo
⑤可能法（potentiali modi）　　　例：vomouŏca?
⑥許容法または譲歩法（permissiui, siue concessiui modi）
　　　　　　　　　　　　　　　　　例：vomoimoxei

⑦不定法（modo infinitivo）　　　　例：vomôcoto

　法の説明において助詞（cum、si、quamvis 等）の種類が変わってもラテン語の動詞活用は同じであるので cum の一例を挙げればあらためて記載する必要はない。リスボン版アルヴァレス（1572）ではそのような形式になっている。しかし天草版ラテン文典ではいちいち助詞 cum を伴う場合、quamvis を伴う場合、si を伴う場合として同じ接続法動詞変化を三回反復している。これはそれぞれに日本語訳をつけくわえるための配慮である。なぜならば日本語では人称による動詞変化はない代わりに助詞（に、とも、たらば、等）によって多様な意味を表すからである。

　例えば、次の cum、quamvis、si で導かれる条件節においてラテン語では動詞 amem（接続法現在形一人称単数）が共通しているのに対し、日本語訳では、

○ cum amem ＝ Vare vomoyeba、Vare vomôni
○ quamvis amem ＝ Vare vomoyedomo、Vare vomôtomo
○ si amem ＝ Vare vomouaba、Vare vomôtaraba

のように動詞の語尾が yeba であったり domo であるような多様な形態の訳が出てくるからである。しかしながら多様とはいっても天草版ラテン文典では原則として助辞 cum を伴う接続法の日本語訳は deareba、dearuni のように已然形につく、いわゆる確定の条件を示す従属節を、助辞 si を伴う接続法には仮定条件を表す未然形接続の「ば」を、そして助辞（quamvis）には逆接の

「ども」と「とも」を当るという原則がある。

　また接続法全般に関して日本語では「より」「から」「のち」「にて」を使ったり、「用言＋て」を使ったりするような、別の形の接続法もあると次の例文を挙げて解説している[10]。

　○ Mutçuno cunino nuxi nite daimiŏ nari.
　　（陸奥の国の主であるから、大名であるという意味の接続法）
　○ Qixoua saburaide gozatte cayŏno cotouo vôxeraruruca?
　　（貴所は侍でござって、かやうのことを仰せらるるか？「侍であるので」の意味の接続法）

　このように天草版ラテン文典の編纂者たちは日本語の接続法的表現を捉えるためには、ラテン語の接続法という狭い文法範疇を超える必要があることを認識していた。

　次に、条件文に関してキリシタンが理解したラテン語と日本語の重要な相違を示したい。そのために四段動詞「読む」を例に取り上げることとする。日本語の動詞「読む」は、唯一、天草版ラテン文典（1594）、大文典（1604）、小文典（1620）の動詞活用表に共通して使用されている。

○天草版ラテン文典では「読む」の和訳が与えられている動詞 lego の si を伴う接続法は以下の様に提示されている。

【表1】Coniunctiuus cum particula Si（助辞 Si を伴う接続法、動詞 lego（読む）一人称単数形の活用）（天草版ラテン文典1594：39v）

Si で導かれる ラテン語接続法 一人称の変化		日本語対訳	ポルトガル語 対訳
Praes. Si legam 現在形	Vare	Yomaba yomunaraba yomunivoiteua	Se eu ler
P. imp. Si legerem 未完了過去形	Vare	yomaba yôdaraba	Se eu lera, ou lesse
P. perf. Si legerim 完了形	Vare	yôdaraba	
P. plusq. Si legissem 過去完了形	Vare	yôdeattaraba	
Fut. Si legero 未来完了形	Vare	yomaba yomunaraba yôdaraba	

しかし、ラテン語の文法活用表を和訳する際に別の問題もあった。それはラテン語の接続法を用いた条件文は可能的条件文と非事実条件文という区別を、動詞の時制を用いることで峻別することである。

〇古典ラテン語における直説法ならびに接続法を使った条件文の用法を表にして整理してみると以下のように分類される[11]。

【表2】ラテン語の条件文の三種の類型

	条件節	主節
論理的条件文	直説法	直説法

可能的条件文		接続法・現在/完了	接続法・現在
非事実条件文	現在	接続法・未完了過去	接続法・未完了過去
	過去	接続法・過去完了	接続法・過去完了

それぞれの例文を挙げれば、

1) 論理的条件文 「AならばB」という論理関係を表す。
　　Si spiritum ducit, vivit.
　　（息をしているなら、彼は生きている。）
2) 可能的条件文　空想的・観念的に仮定する。
　　Si valeant homines, medicina jaceat.
　　（もし人々が健康なら、医術はすたれるだろう。）
3) 非事実条件文　現在の事実に反することを仮定する。
　　Si viveret, verba ejus audiretis.
　　（もし彼が生きているなら、君たちは彼の言葉を聞けるのだが。）
4) 非事実条件文　過去の事実に反することを仮定する。
　　Si vixisset, verba ejus audivissetis.
　　（もし彼が生きていたら、君たちは彼の言葉を聞けたのだが。）

○【表1】を【表2】に倣い天草版ラテン文典（1594）の可能的条件文と非事実的条件文の区別に関わる条件節の部分の日本語訳を整理すると以下のようになる。

【表3】lego「読む」におけるSiを伴う接続法 (天草版ラテン文典1594:39v)

		条件節
可能的条件文		読まば (si + 接続法現在)／読うだらば (si + 接続法完了) 読むならば 読むに於いては
非事実的条件文	現在	読まば (si + 接続法未完了過去) 読うだらば
	過去	読うであったらば (si + 接続法過去完了)

○大文典（1604：30r）にある「読む」の条件的接続法の活用を【表2】にあてはめると以下のようになる。

【表4】大文典（第二活用「読む」条件的接続法）

		条件節
可能的条件文		読まば (si + 接続法現在)／読うだらば (si + 接続法完了) 読むならば　　　　　　読うだならば 読むに於いては　　　　　読うだに於いては 　　　　　　　　　　　　読うであらば
非事実的条件文	現在	読まば (si + 接続法未完了過去) 読うだらば
	過去	読うだらば (si + 接続法過去完了) 読うだならば 読うだに於いては 読うであらば 読うであったらば 読うであったならば（又は、に於いては） 読うであったらうには（又は、に於いては） 読うだらうにこそ

○小文典（1620：37）の「読む」の条件法の活用を【表2】にあ

てはめると以下のようになる。

【表5】小文典（第二活用「読む」条件法）

		条件節
可能的条件文		読まば（si＋接続法現在）/読うだらば（si＋接続法完了） 読むならば　　　　　　読うだならば 読むに於いては　　　　読うだに於いては 　　　　　　　　　　　読うであらば 　　　　　　　　　　　読うであったらば
非事実的条件文	現在	読まば（si＋接続法未完了過去） 読むならば 読むに於いては
	過去	読うだらば（si＋接続法過去完了） 読うだならば 読うだに於いては 読うであらば 読うであったらば

　ここでは【表3】天草版ラテン文典（1594）、【表4】大文典（1604）、【表5】小文典（1620）の全てにおいて、可能的条件節と非事実条件節（現在時制）の区別がないことに注目したい。これはラテン語では厳密に区別される二種類の条件節「おそらく読みはしないが、今後もしも読めば」（可能的条件）と「今読んでいないが、もしも読んでいるとすると」（非事実的条件）が、天草版ラテン文典でどちらも「読まば」あるいは「読うだらば」と訳されている。このように可能的条件文と非事実的条件文の区別が日本語訳では明らかではないのは取り上げられている他の動詞（思ふ、教ゆる、聞く）でも同様である。

　つまり天草版ラテン文典の編纂者が日本語では動詞に現在、完

了、未完了過去という時制が峻別されているわけではないので、ラテン語のように可能的条件文と非事実的条件文の区別はしないと理解し、それが日本語の条件文の特徴として大文典（1604）と小文典（1620）にも受け継がれていることを示している。

（3）大文典（1604）と条件法について

　大文典も天草版ラテン文典（1594）に倣い日本語の動詞を七種類の法に当てはめて記述することを試みているが、接続法に関しては、天草版ラテン文典（1594）で示された「日本語にはラテン語とは異なる別の形の接続法がある」という考えを継承している。つまりラテン語（およびポルトガル語）では、主節と従属節を結びつけるためには、限られた数の助辞（cum、si、nisi、quamvis等）と動詞の接続法を従属節に用いることで表現するのに対し、日本語ではより多様な方法で二つの文を結びつける。ここでいう接続法とはいわゆる接続助詞だけでなく、「～て」や「～とき」のような一種の活用形と見られるものや名詞が形式化したものまで広く含まれる。

　ロドリゲスが取り組んだ中世の日本語のひとつの特徴はその接続表現であった。中世の日本語でははっきりと接続関係を示す傾向が強まった。そのひとつは漢文訓読からきた「によって」「のゆえに」のような論理的思考を支える形式が使われるようになったことで、もうひとつはロドリゲスも多くの例を挙げている「さかい」「ところ」などの形式名詞に「に」「にて」を加えた形式が定着したことである。ロドリゲスはそれらをラテン文法の範疇でどう捉えるかということに苦労している。そのことが大文典における接続法の煩雑な解説に現れている。

○大文典における接続法は、整理すると下のⅠ～Ⅴの様になる。

Ⅰ．順接の接続法（ラテン語で cum で導かれる従属節）
　　例．agureba
Ⅱ．日本語に特有な接続法的表現を、「直説法に接続してしばしば接続法の代りをなす多数の助辞」として挙げる。
　　例．agurutoqui
　　このなかには、

　　　　Toqui（時）　　　　Iibun（時分）
　　　　Toquimba（時んば）　Vchini（内に）
　　　　Vorifuxi（折節）　　Aidani（間に）
　　　　Quizami（刻）　　　Yori（より）
　　　　Iixet（時節）　　　 Cara（から）

　　等が含まれる。
Ⅲ．動詞の「て形」（上げて、言って等）が接続法と見なされる場合
　　例．aguete maitta
Ⅳ．日本語及び葡萄牙語に固有な別な接続法（ラテン語でQuamvis で導かれる逆接の従属節）
　　例．aguredomo
Ⅴ．条件的接続法（ラテン語で si で導かれる従属節）
　　例．ageba

　Ⅰ～Ⅴで注目されるのは天草版ラテン文典では「助辞 si を伴う接続法」としか呼ばれなかった仮定条件を表す「動詞未然形＋ば」が、Ⅴ．条件的接続法（modo coniuntivo condicional）と呼ば

れるようになり、この用法の重要性をロドリゲスが強調していることである。大文典の「条件的接続法に就いて」に以下のようにある。

> ○この法は拉丁語その他の国語にないので，これを活用の中に加へるのは不必要と見えるだらうけれども，活用の中でここに置くのが良いと私には思はれるのである。何故かといふに，特別な語形なり構造なり用法なりを持って居り，その構造は甚だ上品なものであって，さういふ言ひ方は拉丁語でも我々の国語でも助辞を以て言ひ換へるのでなければ見られないものである。（大文典：18v-19）

ロドリゲスは日本語の仮定表現（条件的接続法）がどのように「甚だ上品」（muy elegante）であるのかは説明していないが、ここでこのように言及しているのはラテン語や印欧語では条件文が「条件→論理的帰結」という、つとめて因果的な形式であるのに対して、日本語の条件表現は必ずしも因果的な呼応関係のない文脈でも使用されるということを意識していたためではないだろうか。

（4）小文典（1620）と条件法について

小文典では条件的接続法として接続法の下位に置かれていた「条件法」が小文典では独立した法として扱われている。しかし同時に「日本語・葡萄語に固有の接続法」が独立した法として取り上げられなくなったので法の総数は大文典と変わらず八種である。

○小文典における法は以下のようになっている。

①直説法
②命令法
③希求法
④接続法
⑤条件法
⑥可能法
⑦許容法又は譲歩法
⑧不定法

　さて小文典における「条件法」を論ずる前にまずポルトガル語文法における条件法とは何かを明らかにしておこう。

　ポルトガル語の条件法とは他のロマンス諸語（フランス語、スペイン語等）の場合と同じく、話者の希望、願望を述べるために主節で用いられる接法とも異なる動詞活用の事を指す。現代ポルトガル語における条件法の用例を挙げてみよう。下線部が条件法の動詞を示す[12]。

　○おそらく実現することのない条件文の主節で用いられる条件法
　Se eu tivesse tempo, iria a praia.
　（もしも私に時間があれば、海辺に行くのに。）
　○過去の非事実的条件文の主節で用いられる条件法
　Eu teria tido uma boa nota, se tivesse estudado.
　（もしも勉強していたのならば、私はいい成績がとれたのに。）

第五章　大文典の「条件的接続法」から小文典の「条件法」へ　137

　ポルトガル語の条件法の基本形は、動詞不定法の語幹に助動詞（haver）の未完了過去形の人称語尾が添えられたものである。現代ポルトガル語文法では直説法に分類され、「過去未来形」といわれることが多い。これは条件文において条件節で提示された事柄が実現した場合にのみ主節で述べられた事が「起こるだろう」または「行うつもりである」というような、いわば条件節に呼応した主節における結びを示す法である。

　このようなポルトガル語の条件法は俗ラテン語に由来する動詞活用であり十六世紀にも盛んに使用されていた[13]。しかし同時代に最も影響力のあったポルトガル語文典 Barros（1540）ではポルトガル語にラテン語の伝統的な五法（直説法、命令法、接続法、希求法、不定法）のみを認め、条件法は俗語的用法として法として認めていなかったようである[14]。これはこの時代においては、ラテン語に近いことがポルトガル語が優れていることの証であると考えられていたからであろう。

　しかしながら小文典の条件法とは、今述べたようなポルトガル語の主節で使われる条件法ではなく、「動詞未然形＋ば」で代表される従属節（条件節）で使われる法を指している。そしてラテン語にはない条件法を「法」として認めるのは、一見すると小さなことのようでもロドリゲスにとって勇気のいることであったに違いない。

　つまりロドリゲスが日本語の仮定条件節を条件法と名付け、それを法に取り立てたのは彼の創意であり、それはラテン語、ポルトガル語には見られない日本語の仮定表現にふさわしい地位を与えるためであったと考えられる。幸いなことにポルトガル語の主節に用いられる前述の動詞活用は「条件法」という名称で呼ばれ

ていなかった。もし当時既に「条件法」という述語が使われていたならロドリゲスは異なる名称を使用したはずである。

　土井博士も指摘された通り、小文典の条件法の萌芽がすでに大文典において見られる。それはロドリゲスが仮定条件節「動詞未然形＋ば」（一部の「已然形＋ば」による仮定条件も含む）に対して、

- ○ conjunctivo condicional
- ○ modo condicional
- ○ condicional

の三種類の呼称を使っていることに伺われる。土井訳大文典（1955）では最初のは「条件的接続法」と訳され、後二つは「条件法」と訳されているが、それらが指し示しているものは全て仮定条件を表す「動詞未然形＋ば」である（ただし一部に「已然形＋ば」で表される仮定条件をも含む）。

　例を挙げると、以下の通りである。

- ○（連続した句相互間の順序についての説明で）**条件的接続法**（conjunctiuo condicional）の句と不定法の句は，直説法の句と命令法の句に先行する。例へば Vomoi vchini areba, iro focani arauaru.（思ひ内にあれば，色外にあらはる。）格言。（大文典：84）
- ○（「於いては」の説明で）実名詞の後に置かれたものは，それ自身で Naraba（ならば）といふやうな存在動詞の**条件法**（modo condicional）となる。（大文典：119v）

○（「こそ」の説明で）**条件法**（condicional）の後に加へたのも，葡語の isso era se o ouuese（若しもそれがあるならばかうであらう）等といふ言ひ廻しに当る。例へば，Arabacoso, xinj ô zure.（あらばこそ，進ぜうずれ。）（大文典：116）

このような逡巡の後、小文典では modo condicional（条件法）という接続法から独立した法に落ち着いたのである。

さらにロドリゲスは小文典において、日本語の接続法の分類の思い切った整理を行い、大文典に数多く挙げられた接続辞を使った日本語の接続法は、頻度の高い「ところに」「とき」「から」「のち」「より」に絞り込まれた。

他にも、小文典で日本語の実態に即した記述になっているところがある。天草版ラテン文典（1594）では「Quamvis という前置詞をともなう接続法」に対して、日本語では「ども」「とも」といった表現がそれに当たるとされた。これはラテン語の日本語訳としては問題ない。しかし大文典がこれをそのまま引き継ぎ「日本語、ポルトガル語に特にある接続法」という名目で「ども」及び「とも」を伴う接続法と呼ぶのは問題があった。なぜならば日本語では確定（ども）と未定（とも）をはっきりと区別するからである。したがって大文典の中でもしだいに「ども」に限定されつつあったが、未だに不明瞭であった。しかし小文典ではより正確に「ども」に限定し、順接の「ば」に対して逆接の「ども」という位置づけをしているのである。

（5）おわりに

大文典で接続法の下位分類に留まっていた条件的接続法が、小

文典では条件法として、ラテン語にはない独立した法に取り立てられた。このような規範文法（ラテン文法）からの逸脱は、ネブリハやバロスといったルネッサンス期の人文学者がポルトガル語やカスティリャ語文法書でラテン文法との共通性を強調しようとした態度とは対照的である。これはラテン語と大きく異なる日本語という言語を対象としている事と無関係ではなかったろう。しかしそれと同時に大文典や小文典のような宣教のための実用文法書では、規範文法（ラテン文法）をモデルにするものの、著者の創意の余地が大きかったことを示している。

　大文典においてラテン語の文法範疇が適用されることが最も目立つのは動詞の活用論である。それはネブリハやバロスがロマンス語をラテン語範疇の枠にあてはめて提示した活用論と同じような形式を取るが、その目的において異なっている。つまりルネッサンスの人文学者にとってラテン語（文法）とはロマンス諸語がかつてそうあった理想的な姿であった。そしてカスティリャ語もしくはポルトガル語がラテン語の「忠実な娘」であり、近代国家の言語としてふさわしいということを証明することが文典執筆のひとつの目的であった。それに対し、ロドリゲスにとってラテン語（文法）とは決して日本語の理想的な姿ではなく、日本語の分析と学習者の便宜のための道具に過ぎなかった。

註
1) Nebrija（1492）が史上初めてのラテン文法を用いた近代語（カスティリャ語）の文法書である。
2) Oliveira（1536）が Nebrija（1492）に倣った最初のポルトガル語文典であるが、音韻論と正書法に突出していることで知られている。品詞論、統語論に関してはむしろ Barros（1540）が Nebrija

(1492)に忠実に範を取ったポルトガル文法を展開し、同時代には影響力があったようである。
3) 第二十一段「清涼殿の丑寅の隅の」(『枕草子』:55)
4) ただし小文典のなかでも modo coniunctivo condicional（条件的接続法）と modo condicional（条件法）という用語を混用する揺れが一部に見られる。f.37～f.50までの活用形の説明では、それまで modo condicional（条件法）と説明していた項目が modo coniuntivo condicional（条件的接続法）として表示されている。そして再び f.50で modo condicional（条件法）という呼称に戻っている。しかしながらどちらの呼称であっても接続法の下位分類ではない。
5) Buescu (1972:94)
6) アルヴァレスのラテン文典 (1572:24v) これは同時代にスペイン語圏で支配的であったネブリハのラテン語文典 Nebrija (1558:55v) とも共通する定義である。
7) 土井 (1982b:110)
8) 天草版ラテン文典 (1594:20r)
9) 天草版ラテン文典 (1594:21v)
10) 天草版ラテン文典 (1594:15r)
11) 佐藤義尚氏（京都大学文学部西洋古典学講師）のご教示を頂いた。また Woodcock (1959:147-157)、中山 (2007:309-315) も参照した。
12) Hutchinson and Lloyd (2003:80)
13) 深沢暁氏（天理大学国際文化学部教授）のご教示を頂いた。また Williams (1938:205-206)、Vasconcelloz (1905:175) も参照した。
14) Barros (1540:330). 伝統的なラテン文法では可能法、許容法（又は譲歩法）は接続法の下位分類とされる。しかし規範としてのラテン文法の優位が薄れた十九世紀後半には条件法を接続法等と並列する法として設定したポルトガル語文典が見られるようになる。英語で書かれた英語圏の読者を想定したものであるが Kinloch (1876:19) はポルトガル語の法を（不定法、直説法、条件法、接続、命令法）の五種に設定している。

第六章　大文典における「同格構成」と「異格構成」について

(0) はじめに

　大文典の巻Ⅱに展開されている統語論は、アルヴァレスのラテン文典を踏襲し、construçam　intransitiva と、construçam transitiva とに二分されていることで知られる。邦訳大文典（1955）において、土井博士は前者（construçam　intransitiva）を各品詞が文を構成するのに先行語とは同じ格をとる「同格構成」と、後者（construçam transitiva）を先行語とは異なる格をとる「異格構成」と訳しておられる[1]。さらに土井博士によればこのような手法を日本大文典に取り入れるのには以下の様な問題点があったという。

　　これはアルヴァレスの手法を借用したのであるが、日本語は
　　体言が固有の転尾を持たないし、形容詞の性質も違うので、
　　ラテン語に認められる同格構成と同一の取扱を日本語の上に
　　加えることにはかなり無理がある。更に異格構成になると、
　　アルヴァレスの立てた項目を適用し得るのはせいぜい名詞・
　　形容詞の範囲であって動詞はその埒外に立つ。ここに及んで
　　アルヴァレスの統辞論を型通りに適用し得る限界に達したこ
　　とを自覚したロドリゲスは従来のアルヴァレス依存の態度を
　　棄てざるを得なくなった。（土井1982：84-85）

大文典では、「主を」を対格、「主に、へ」を与格とするというように、日本語の名詞に助詞を加えたものを名詞の曲用とみなしているので、ふたつの名詞のつながりにおいては同じ格が並ぶのか、異なる格同士であるのかという区別ができる。しかしロドリゲスは名詞と動詞とのむすびつきをも同様に construçam intransitiva（同格構成）と construçam transitiva（異格構成）という用語を使って二分している。土井博士が上に指摘されているように、これらを「同格構成」と「異格構成」として字義通りに理解しようとすると動詞には名詞の曲用のような格変化がないので無理があるようにみえる。しかし土井博士が上に指摘しているようにはたしてアルヴァレスが適用した同格・異格構成とは名詞・形容詞の範疇において通用するものなのだろうか。

本章では大文典がどのような意味で construçam intransitiva（「同格構成」以下 intransitiva と略す）と construçam transitiva（「異格構成」以下 transitiva と略す）という用語を使用しているのかを確かめるためにアルヴァレスのラテン文典以前の中世のラテン文典にまで遡り考えたい。

(1) 思弁文法における統語論について

中世ラテン文典は古典古代のラテン文典から多くを引き継いだものであったが、中世末期（十二世紀末）に起こった思弁文法学では語順に関しての大きな見直しが行われた[2]。ラテン語では語形変化によって名詞や動詞の機能が明示されるので、実際の文章において語順は非常に自由であるが古典世界の散文では「主語－目的語－動詞」が主流であった。しかし思弁文法では、主語がすべてに先行し、その働きが目的語におよぶという論理学の順序に

従い、文法学における本来の語順は「主語-動詞-目的語」であるとした。このように動詞を中心に置いたことで、主語のことをante se (それより前)、目的語のことを post se (それより後ろ)という言い方も広く行われた[3]。また文のなかで名詞・代名詞はその属性を表す形容詞の前に来るのが自然な語順であるとされた。

しかしながら統語論をあくまでふたつの「語」の結びつきとして論じるという姿勢は、古典古代からそのまま中世ラテン文典に引き継がれた。例文として思弁文法の文典に頻出する Socrates albus currit bene. (白いソクラテスは良く走る。)を取り上げてみよう。これを｜Socrates (ソクラテスは)｜albus (白い)｜currit (走る)｜bene (良く)｜という文法機能を持った個々の語 (oratio) に分割し、それら個々の「語」の修飾関係においてのみ論ずるのである。したがって中世ラテン文典では名詞句、動詞句のような「句」、またはそれよりも大きな「節」のレベルには統合されない。つまり現代の構成文法では、【表1】のような分析になるところが、思弁文法では、ふたつの語と語がつながる【表2】のような修飾関係の分析になる (Covington 1984：36)。

【表1】構成文法による文の分析

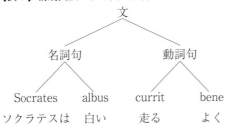

【表2】 思弁文法による文の分析

Socrates　　　albus　　currit　　bene.
ソクラテスは　　白い　　　走る　　　良く

　【表1】にみられる構成文法の分析では樹形図において上方にある節点が下にある部分を支配する上下の関係を示すが、【表2】にあるように思弁文法では文の統語関係は、対になったふたつの語の結びつきとして並列的に分析される。そしてこのような語と語の結びつきを思弁文法では intransitiva と transitiva に二分する。

　統語論において intransitiva と transitiva の区別を立てることは古代のラテン語文典からみられる。しかしそれは動詞の働きを中心にして論じたものであった。もともと transitiva の語義は「あちらに渡っていく」であり、intransitiva はその逆の「あちらに渡っていかない」という意味である。古代のラテン文典ではそれを目的語をとる能動動詞と、目的語をとらない中性動詞の性格に当てはめた。例えば動詞 amo（愛する）は、transitiva の性格を持っており、目的語をとるので、能動態 ego amo Deum．（私は神を愛す。）から受動態 Deus amatur a me．（神は私によって愛される。）に転換できる。そして中性動詞である curro（走る）は intransitiva で、ego curro．（私は走っている。）のように目的語を取らないので態を変換することができないという統語上の相違として説明される。

　しかし中世の思弁文法では、transitiva と intransitiva という用語は、文のなかで修飾関係を持つすべての語と語の間に生じる統語関係を表すために使われるようになった。

代表的な思弁的ラテン文典にみられる transitiva と intransitiva の例文を挙げてみよう (Pinborg 1984：501-502. Covington1984：37-38)。

【表3】思弁的ラテン文典における intransitiva と transitiva

〔動詞を含まない場合〕
① Socrates　albus (intransitiva)
　「白いソクラテス」名詞（主格）/形容詞的名詞（主格）
② cappa Socratis (transitiva)
　「ソクラテスの頭巾」名詞（主格）/名詞（属格）
③ filius Socratis (transitiva)
　「ソクラテスの息子」名詞（主格）/名詞（属格）
④ liber philosophiae (transitiva)
　「哲学の本」名詞（主格）/名詞（属格）
⑤ liber philosopicus (intransitiva)
　「哲学の本」名詞（主格）/形容詞的名詞（主格）

〔動詞を含む場合〕
⑥ Socrates currit. (intransitiva)
　「ソクラテスは走る。」名詞（主格）/動詞（三人称単数現在形）
⑦ currit bene. (intransitiva)
　「(彼・彼女・それは) よく走る。」動詞（三人称単数現在形）/副詞
⑧ percutit Platonem. (transitiva)
　「(彼・彼女・それは)プラトンを倒す。」動詞（三人称単数現在形）/名詞（対格）
⑨ misereor Socratis (transitiva)
　「(私は)ソクラテスに同情する。」動詞（一人称単数現在形）/名詞（属格）

名詞同士の結びつき（例文①～⑤）における intransitiva と transitiva の区別は、修飾する立場にある名詞をどのように把握するかによって決定される。伝統的なラテン文法では形容詞は形

容名詞として「属性の名前」ということで名詞の範疇に含まれている。つまりある名詞を存在するもの（nomen substantivum 実体名詞）と捉えるのか、そうではなく属性をあらわすもの（nomen adiectivum 形容名詞）と捉えるのかという相違である。古代のラテン文典ではこの区別は強調されていなかったが、思弁文法ではこの二種類の名詞を峻別しようとした。例文①〜⑨でみられる修飾する立場の名詞のなかでは、例文②③の「ソクラテス」と例文④の「哲学」が「実体のある名詞」と捉えられている。したがってこれらは属格の形で被修飾語を修飾する。これが transitiva である。

しかし、例文①で「ソクラテス」を修飾する「albus 白さ」というのは実体ではないとみなされている。つまり付属的な様態を表す形容名詞なので、albus は被修飾語「ソクラテス（主格）」と一致した性（男性）、数（単数）、格（主格）の形で修飾することになる。これが intransitiva である。例文⑤における「哲学」も同様に、形式名詞と考えられているので、被修飾語「本」の格と一致した格で修飾している。意味的には例文④と⑤のどちらも「哲学の本」と訳される。しかし思弁文法に従えば、例文④の場合は「哲学」が実体名詞とみなされている transitiva であるのに対し、例文⑤では「哲学」は形容名詞と捉えられている intransitiva であるという違いがある。つまり名詞がふたつ結びつく際に、どちらかひとつが実体名詞である場合は intransitiva、両方とも実体名詞である場合は transitiva という区別がなされている。

動詞を含む（例文⑥〜⑨）場合でも同様に、実体名詞が文のなかに唯ひとつであれば intransitiva、ふたつの実体名詞があるとみなされば transitiva という判断をすることは同じである。例文

第六章　大文典における「同格構成」と「異格構成」について　149

⑥と⑦にある curro（走る）という動詞は目的語をとらない。したがって例文⑥⑦には、それぞれひとつの（走る）実体しかない。したがって intransitiva とみなされる。ところが例文⑧では、文のなかに他動詞 percuit（倒す）とその目的語である「プラトン」だけではなく、percuit（倒す）が三人称単数形の動詞であることから、三人称単数の主格で表されるもうひとつの実体が隠れている。例文⑨の場合も同様に misereor（同情する）が一人称単数形であることから、この文には一人称単数主格で表された「私」という実体と「ソクラテス」という実体が関係を結んでいると考えられた。それゆえに例文⑧⑨は transitiva とされたのである。

　伝統的なラテン文典では、「主語－動詞－目的語」という構成を持ち、かつ受動態に転換できるものは、文全体が transitiva と判断される。そして逆に目的語を持たないで受動態に転換できない文は intransitiva とされる。しかし思弁文法家の特徴は transitiva と intransitiva の判断を文全体にではなく、文のなかの修飾関係にある二項（ふたつの単語）のあいだにみることである。したがってひとつの文の中に transitiva と intransitiva が並存することもある。例えば「ソクラテスは本を読んでいる。」Socrates legit librum. は文全体として transitiva の文とみなされるが、思弁文法の統語論では二項的な修飾関係において以下のように分析する。

【表4】

　ここでSocrates legit（ソクラテスは｜読んでいる）の関係がintransitivaであるのは、legit「読んでいる」という作用が、唯一の実体であるSocratesに留まっていて、別の実体に「渡っていかない」と考えたからである。「ソクラテスは読んでいる」は、「ソクラテスは走る」とは異なり、「本」や「落書き」などの「読まれる実体」を隠していると考えることも可能であるが、思弁文法ではSocrates legit（ソクラテスは読んでいる）は「ソクラテス」という唯一の実体で完結したintransitivaの統語関係とみなすのである。ところが、legit librum（本を読んでいる）の場合は、librum「本」という実体だけではなく、明らかに三人称単数形の動詞legit「読んでいる」の主体である実体が先行して存在している。この結果legit librumにはひとつではなくふたつの実体が含まれていることになり、この関係はtransitivaなのである。

（2）天草版アルヴァレスのラテン文典におけるintransitivaとtransitiva

　アルヴァレスのラテン文典（初版1572）がイエズス会子弟の教育のために執筆された時代は、ギリシア・ローマ古典古代の作品が再発見、再評価され、それらを読みこなすための実用的な文法書が求められていた。その際に中世末期の思弁文法にみられるアリストテレス的な思索を文法学に持ち込む必要はないと考えられ

た。しかしながら、アルヴァレスはあえて思弁文法家が使用した意味において intransitiva と transitiva という語彙を採用したのは明らかである。これはスペインの大文法家ネブリハ（1444～1522）の態度とは対照的な態度であるといえよう[4]）。

　天草版アルヴァレスのラテン文典（1594）ではどのように intransitiva と transitiva が説明されているのか。まず〔実名詞－実名詞〕という組み合わせの場合は以下のように記されている（天草版アルヴァレスのラテン文典1594：96v）。

〔引用1〕De constructione transitiva Nominis
　　　　Genitiuus post nomen substantiuum.
　　　　Quoties-cumque; duo nomina substantiua rerum diuersarum in oratione continuantur, alterum erit genitiui casus.
　　　　　名詞の transitiva 構成について
　　　　　実名詞の後の属格
　　　　　いかなる場合でも、ふたつの異なる実名詞が連続して文にあるときは一方が属格をとる。（私訳）

　つまり〔実名詞－実名詞〕の関係では transitiva とはふたつの実体名詞が同じ文にあるときは、poena peccati（「罰」：主格名詞＋「罪の」：属格名詞）のように、一方が属格になるということであるということである。

　動詞を含む文の intransitiva とは「主語－動詞」において主語の人称と数（単複）が動詞の語尾と連動することであるとされている。例えば amo「私は愛す（一人称単数形）」、amant「彼らは愛す」

（三人称複数形）と語尾変化を示す。そして動詞を含む文の transitiva とは「動詞－目的語」の関係において、その動詞が要求する特定の格の目的語を支配するという意味である。例えば、動詞 invideo（ねたむ）は、amico invideo「私は友（与格）をねたむ」というように目的語に与格をとる。天草版アルヴァレスのラテン文典（Alvarez1594：93）は intransitiva について以下の様に記す。

〔引用2〕 De Constructione intransitius
Verbum personale finiti modi antecedit nominatius aperte vel occulte, eiusdem numeri,& personae.
intransitiva 構成について
人称動詞はそれに先行する主格名詞に―それが表に現れていても、隠れていても―数と人称において一致する形になる。（私訳）

「それが表に現れていても、隠れていても」（aperte vel occulte）というのは、ラテン語の文においては、動詞の屈折から判断がつくので、主格の名詞は省略されることが多いからである。アルバレスは intransitiva の例文としてキケロによる以下の有名な手紙の冒頭文を挙げている。valeo（元気である）は自動詞で目的語をとらない。

【表5】

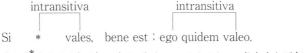

Si　　＊　　vales, bene est；ego quidem valeo.
もし（＊あなたが）元気であれば、たいへんよろしい；私もまた元気である。

「あなたが」は表に現れていないが、動詞 vales（二人称単数）と一致する二人称単数（tu）であることがわかる。そして ego（一人称単数）は valeo（動詞一人称単数）と一致する。

次に動詞の transitiva に関しては、「動詞－目的語」の関係を分類するために、異なった動詞が、どのような格の名詞を要求するのかを以下の様に列挙している。アルヴァレスは、ラテン語の動詞を伝統的な五種の分類に従い、能動動詞（activa）、受動動詞（passiva）、中性動詞（neutra）、共通動詞（communia）、形式所相動詞（deponentia）と分類している。このなかで受動動詞とは能動動詞の受動態である。これは常に能動態の直接目的語を主格にし、能動態における主格を行為者として、前置詞 a あるいは ab に導かれる奪格にとる。したがってラテン語の学習者が特に努力して学ばなければならないのは、その他の四種に属する動詞が、目的語としてどの格を持つ名詞を支配するかということである。

アルヴァレスは動詞のなかで、多数を占める能動動詞と中性動詞を中心に置いた。前者は受動態の主語になることのできる対格をとり、後者はそのような対格をとらないという相反する特徴がある。共通動詞（能動と受動の意味を同時に表す。例.complector「抱き合う」）と形式所相動詞（受動態形式しかもたず能動の意味を表す。例.utor「利用する」）の二種類は、数も少ないので大きな項目としては立てずに、個々の動詞を中性動詞、能動動詞のいずれかの例外項目として提示している。

【表6】アルヴァレスのラテン文典における〔動詞－目的語〕の transitiva

（1）属格が続く場合(sum に続く属格を含む)(Alvarez 1594：102)
（2）中性動詞
　　　―与格あるいは対格が続く場合（同：104v）
　　　―奪格が続く場合（同：104v）
（3）能動動詞(対格を目的語にとり、受動態に転換できる動詞)(同：106)
　　　―対格の前に属格が続く場合（同：106）
　　　―対格と与格が続く場合（同：108）
　　　―対格と二つの与格が続く場合（同：108v）
　　　―二つの対格が続く場合（同：109）
　　　―対格と前置詞 a または ab を伴った奪格が続く場合(同：109v)

　思弁文法においては transitiva と intransitiva という用語は、修飾関係にある語と語の関係において実体名詞（存在するもの）をひとつ含むか、ふたつ含むかという哲学的判断を示すものである。しかしアルヴァレスのラテン文典の統語論では、そのような哲学にまで言及した議論はみられず、あくまで統語上の基本的な約束事として取り扱われている。それは以下のように整理できるだろう。

【表7】アルヴァレスのラテン文典における intransitiva と transitiva

（ⅰ）intransitiva とは、
　　①Socrates albus「白いソクラテス」のような実体名詞と形容名詞の組み合わせにおいて性・数・格が一致した構成を intransitiva と呼んでもよいのではあるが、アルヴァレスはそのような呼称は使用していない。単に名詞同士の性・数・格の一致と呼んでいる。

> ②主語と動詞のつながりにおいて、人称・数（単・複）を連動させること。
>   例．「私は元気である」
>   ego   valeo.
>   私は   ｜元気である。
>   一人称単数   一人称単数
>
> （ⅱ）transitiva とは、
>   ①実体名詞と実体名詞が結びつくとき、一方が属格になること。
>   例．「少女の薔薇」
>   rosa   puellae
>   薔薇（主格）｜少女の（属格）
>   ②動詞と目的語や補語のつながりにおいて、目的語や補語は、その動詞の要求する特定の格になること。
>   例．「恐怖が軍隊を襲った」
>   Terror   incidit   exercitui.
>   恐怖が（主格）｜襲う（三人称単数）｜軍隊を（与格）
>   動詞 incido（不意を襲う）は目的語を与格にとる。

（3）大文典における transitiva と intransitiva

【表7】にみられるようなアルヴァレスの分類を手本にして、ロドリゲスは大文典巻Ⅱの統語論に transitiva と intransitiva を導入したと考えられる。これは間接的であれ日本語にヨーロッパ中世の思弁文法が受容されるということであった。

「実名詞－形容名詞」の intransitiva（表7 i-①の場合）に関しては、アルヴァレスと同様に特にその用語を使用せず、これに当たる説明もみられない。しかし、「実名詞－実名詞」の transitiva（表7 ⅱ-①の場合）に関しては、アルヴァレス（(2)節〔引用1〕）を忠実になぞり、そのどちらかが、属格になると説明し

ている(大文典:93v)。

  名詞の異格構成(construçam transitiva)に就いて
  ○助辞 No(の),又は,Ga(が)を伴ひ,実名詞に先行する属格
  ○句中に違った事柄に属する二つの実名詞が有る場合には,その一つは助辞 No(の)か Ga(が)を伴って属格に立つべきであってそれは常に他の名詞に先行する。例へば,吉利支丹の国,寺の泉,百姓が家…

「吉利支丹」と「国」はどちらも実名詞と考えられているので、この関係は transitiva である。ここでは「吉利支丹」の方が「吉利支丹の」という属格に立つことで「国」を修飾するということである。

「主語−動詞」の intransitiva(表7 i-②の場合)を論じる際には、最初に「統語論のまえがき」にあるようにラテン語とは異なる日本語における語順(collocaçam)について述べる必要があった(大文典1604:83v)。

  ○何となれば,始めに動詞の主体語が来て,次に動詞の格に立つ語,三番目に動詞,それに引き続いて時の助辞,それに否定辞が続き…

つまり標準的な語順はラテン語では「主語−動詞−目的語」あるのに対して、日本語は「主語−目的語−動詞」であると説明しているのである。そして「動詞の格に立つ語」(casos do verbos)

第六章　大文典における「同格構成」と「異格構成」について　157

というのは、目的語として動詞が要求する格（対格であるとか与格であるとか）をとる名詞のことである。

　もうひとつ重要なのは日本語の動詞はラテン語のように主語の人称と数とに連動しないことである。このことはすでに先行する「動詞に就いて」（大文典：68v）の項に説明がある。

〇肯定動詞も否定動詞も，人称動詞か非人称動詞かである。人称動詞は単数複数の第一人称第二人称第三人称の何れにも関係なく，ただ各法各時にそれぞれの語形が備はってゐるものである。例へば，Vare, Nangi, Care yomu（我，汝，彼読む。），Varera, Nangira, Carera yomu（我，汝等，彼等読む。）。

なぜかロドリゲスは、これが日本語における〔主語−動詞〕のintransitivaであることを指摘していない。つまり大文典では、本章（2）節で挙げたアルヴァレス〔引用2〕にあるような動詞のintransitivaに関する基本的説明が欠落してしまっている。そして動詞とtransitivaの関係にある目的語、即ち「動詞の格に立つ語」が不用意にintransitivaの項に導入され、以下のように日本語の文における「主格に立つ語」「動詞」「動詞の格に立つ語」の語順の説明に費やされている（大文典：83v）。

　同格構成（construçam intransitiva）に就いて
　〇主格に立つ語と動詞と動詞の格に立つ語の排列
　〇'よみ'のことばでは普通に主語に立つ語を最初に，動詞の格に立つ語を第二に，そして動詞を最後に置く。

続いて intransitiva の最初の例文として次の①～③が挙げられている。

①「親に遠ざかり，他に又近づく事なかれ」
②「上を軽んじて，下を又重んずる事なかれ」
③「デウス天地万象を御作なされた」

これらの例文は、すべて目的語すなわち「動詞の格に立つ語」を含んでいる。例文①では動詞「遠ざかる」と「近づく」が「動詞の格に立つ語」として与格（「親に」「他に」）をとることを、例文②では同様に「軽んず」「重んず」が対格（「上を」「下を」）をとることを例示している。また例文③も「天地万象を」が「動詞の格に立つ語」になっている。したがって、これらの例文は日本語を学び始めた西洋人が「主語 – 動詞」の intransitiva を理解するための手助けにならなかっただろう。

日本語初学者の便宜のためにはアルヴァレスに従い、例文③の場合では、最初に「デウス – 御作なされた」という形で「主語 – 動詞」の関係を intransitiva として提示するべきであった。そしてその後「天地万象を – 御作なされた」という「動詞 – 目的語」の関係を transitiva として説明を加えるのがふさわしかったと思われる。

次に大文典では「動詞 – 目的語」の transitiva（表7 ii-②の場合）を説明する前に、以下のように日本語の動詞の種類が列挙され、次にその分類に基づく構成が説かれている。

○品詞論に於いて動詞を分けて，普通・能動，使役・受動・中性・共通及び非人称動詞とした。ここでもそれに従って，それと同じ順序を以て動詞の特殊な構成を論じ，その終に不定動詞に及び，更に全部の動詞に共通した構成を説かう。（大文典：96）

ここでロドリゲスが「特殊な構成」（construçam particular）といっているのは、日本語の動詞にはラテン語にはみられない特別な構成があるということではない。これは日本語の動詞にもラテン語と同じように動詞の種類によってそれぞれ固有の構成（construçam particular）があるので、それらを順に述べるという意味である。具体的にはそれぞれの動詞が「動詞－目的語」の transitiva においてどのような格の目的語（動詞の格に立つ語）とるかということを示すということである。次表ではそれらを列挙した。

【表8】大文典における〔動詞－目的語〕の transitiva

（1）能動動詞（大文典：96）
　　―対格（Vo, Voba, Va, Ga）の何れかを伴った対格を支配する能動動詞（同：96-96v）
　　　例．「経を読む」「後生を願ふ」
　　―二つの対格を取る能動動詞（同：97v. 109）
　　　例．「この人をば家・町・国・知行・所を払うた」
　　―対格と助辞 Ni のつく与格とを支配する動詞（同：98）
　　―助辞 Yori 又は Cara のつく主格と Vo のつく対格を要求する能動動詞（同：98v）

例.「デウスより下された」
（2）使役動詞（能動動詞に含まれる）（同：99）
　―従わせる人物を対格に、従う対象を与格にする。
　　例「下人共を主人に従はせた」
（3）助辞 rare, ruru, re, ruru によってつくられる受動動詞（同：99）
　―動作を受ける者を主格に、動作者を yori, cara を伴う奪格にする。
　　例.「平家は誠に天道から放されたと見えてござる」
（4）中性動詞（大文典：100）
　―No のつく属格を伴ふ存在動詞（同：100）
　　例.「そなたのでござる」
　―Ni のつく与格を支配する動詞（同：100）
　　例.「人の用に立つ」
　―助辞 Ni（与格）か Vo（対格）を支配する中性動詞（同：101v）
　　例.「父母に離るる」
　―Vo のつく対格を支配する中性動詞（同：101v）
　　例.「湯を浴ぶる」

ロドリゲスは、アルヴァレスとは異なり、使役動詞、受動動詞を独立した項目として取り上げるなどの工夫を見せているが、アルヴァレスのラテン文典の分類【表6】に準拠したことは間違いない。そして大文典全体を通じて、動詞を含む「主語−動詞」の一致を intransitiva、そして「動詞−目的語」の関係において動詞が目的語に一定の格を要求することを transitiva と名付けて記述していることではアルヴァレスと共通している。若干の混乱が前

述した「主語−動詞」intransitiva の説明にみられるものの、これらの記述はおおむね明解である。したがってアルヴァレスのラテン文典で用いられた思弁文法の統語論を日本語の文典に問題なく適用しているといってよいであろう。

　結論として (0)「はじめに」で引用したように土井博士が、(ロドリゲスは日本語の統語論を transitiva と intransitiva で二分して論じようと)「ここに及んでアルヴァレスの統辞論を型通りに適用し得る限界に達したことを自覚した」(土井1982：85) と断じておられるのは言い過ぎではないだろうか。むしろロドリゲスは日本語の統語論を説明するのに、「主語−目的語−動詞」という基本文型を提示し、さらに「主語−動詞」の intransitiva と「動詞−目的語」の transitiva に二分して例示するという手順になんら抵抗はなかったと思える。

　翻って construçam　intransitiva を「同格構成」、construçam transitiva を「異格構成」と和訳するのは、格の曲用のある名詞と名詞（形容詞を含む）の修飾関係だけに限定すれば、その現象を表した適切な訳である。しかし「主語−動詞」と「動詞−目的語」の関係が論じられる際は、「同格」「異格」の訳が不適切に思える。なぜならアルヴァレスによれば intransitiva とは「主語−動詞」の人称・数における連動を、transitiva とは「動詞−目的語」において動詞が要求する目的語の格との一致を意味しているからだ。したがって「同格」であるか、「異格」であるかという言い方では、「主語−動詞」と「動詞−目的語」の関係において何が「同じ」で、何が「異なる」のかが不明瞭ではないだろうか。

むしろ、一見わかりにくいが、思弁文法家の本来の定義に立ち戻り、それらが本来の名詞（実名詞）をひとつ含む関係（intransitiva）にあるか、ふたつ含む関係（transitiva）にあるかによって区別することを示す訳語を採用するのはどうであろうか。そうすれば「名詞－名詞」「主語－動詞」「動詞－目的語」という全てのintransitivaとtransitivaの関係を総括できるのではないか。すなわちconstruçam intransitivaを「単名詞構成」、construçam transitivaを「複名詞構成」とする訳語を提案したい。

（4）おわりに

アルヴァレス（1526〜1582）は思弁文法家が使用した意味においてintransitivaとtransitivaの分類をラテン文典（初版1572）の統語論に取り入れた。しかし十六世紀の人文学者たちのあいだでは文法学と哲学（論理学）を結びつける関心は薄く、思弁文法の用語としてのintransitivaとtransitivaをわざわざラテン文典に使う必要はないという考えが強くあったようだ。例えば、天草版アルヴァレスのラテン文典（1594）と同時期に出版されたローマ版アルヴァレスのラテン文典（1595）では、transitivaとintransitivaという用語は避けられている。ローマ版では、天草版とは異なり、動詞のintransitivaの項は、De concordantis（一致について）になっている。さらに名詞のtransitivaの項はDe construcione nominis（名詞の構成について）に、動詞のtransitivaの項はDe constructione verbi activi（能動動詞の構成について）となっている。つまり思弁文法では、文のなかの名詞、動詞など全ての語と語の二項的な統語関係を表す用語であったtransitivaとintransitivaは、もはやその意味では使われなくなって

いたことを示している。そして十七世紀以降の近代では、主体の動作や作用の影響が他に及ぶ動詞を verba transitiva（他動詞）と呼び、逆に影響が他に及ばない動詞を verba intransitiva（自動詞）と呼ぶというように、専ら動詞の性格を表す語彙に回帰していったとみられる。

　一方、思弁文法が、名詞を実体のあるなしで実名詞（nomen substantivum）と形容名詞（nomen adiectivum）に峻別したのは、近代西洋の文法学に持続的な影響を与えた。それは古典ラテン文典の品詞分類では形容詞は名詞の下位分類であったのが、近代のラテン文典では、形容詞が名詞とは完全に独立した品詞とみなされる根拠となったことである。

注
1）　土井博士の同様の見解が柳田（1980：52）にみられる。

　　　「大文典」巻二は先づ統辞論を Intransitiva と Transitiva とに分けた。前者はある品詞が先行語とは異った格をとらない場合すなはち同格に立つものをいひ、後者は先行語とは異った格をとる場合すなはち異格に立つものをいふ。（「吉利支丹日本語学の特質」土井忠生）

2）　古代のラテン文典とは AD350頃に活躍したドナトゥスと AD500年頃に活躍したプリスキアヌスのラテン文典を指す。中世からルネッサンスにかけてこの二人のラテン文典に注釈をつけるという形で西洋中世の言語学は展開したといえる。
　　中世末期に起こった思弁文法（Grammatica Speculativa）は様態論者（modistae）と呼ばれる文法学者によって主張された。これは十二世紀中期にイスラム圏からヨーロッパにラテン語訳が流入したアリストテレス哲学（『自然学』『形而上学』）によって触発された

ことで文法学が論理学に近接したものである。そこでは文法の基礎は言語が認識内容を表すことで、間接的に実在するモノを表すという考え方を取る。そしてラテン語文法を普遍文法として、特にアリストテレスの運動論(『自然学』第三巻)に結びつけて解釈しなおしたものといわれている。代表的な様態論者としては Petrus Helius(1140頃に活躍)、Martinnus de Dacia(1255～1270)、そして Thomasius de Erfordia(1300頃に活躍)等が挙げられる。しかし思弁文法学は十四世紀中頃以降は衰退し始め、ルネッサンスが到来すると、文法学はギリシア・ローマの古典を素直に読解するための手助けであるべきだという考えが主流となったことで完全に下火となった。再び文法と哲学を結びつけようとする大きな運動が起こったのは十七世紀後半のフランスのポール=ロワイヤル文法であった。
3) 大文典(1604)にもこのような中世ラテン文典における ante se(主語)と post se(目的語)を意識したポルトガル語の表現、parte ante と parte post がみられる。

> 又,関係句に於いては,他の人称動詞の場合と同一の格支配を受ける。即ち,関係句は主体語(supposto)が前方に立つ(a parte ante)か後方に立つ(a post se)かして,句が続き而も別の動詞を以て承けねばならぬといふのである。(大文典1604:62)

ここで「前方に立つ」と「後方に立つ」とは動詞を基準にして、その前か後ということである。
4) ネブリハのラテン文典(初版1481)はアルヴァレスのラテン文典(初版1572)と並んで十六世紀初頭から十八世紀末までの長きにわたってヨーロッパ全土で多くの版を重ねたことで知られる。この二つのラテン文典を比較した場合、明らかに先行するネブリハの文典の方が、中世の思弁文法との決別を示している。例えばネブリハは transitiva と intransitiva という用語を古典古代の文典と同様に、あくまで動詞自体の性格の違いから生じる統語上の現象として説明している。ネブリハによれば transitiva とは能動動詞は対格を目的語にとることで、その対格目的語を主語にした受動態に転換できる

ことで、intransitiva とは中性動詞は、主語に転換できる対格目的語をとらないので受動態に転換できないことである（Nebrija 1488：127）。

第七章　大文典クロフォード家本について

(0) はじめに

　長崎において出版されたロドリゲス著『日本大文典』(1604)は二部が現存することが知られている。ひとつはオックスフォード大学のボードレイアン図書館蔵本であり、もうひとつはスコットランドのクロフォード伯爵家蔵本である。またこれらの版本に加えて、フランスの東洋学者パジェス (Léon Pagès 1814〜1886) が、クロフォード伯爵家蔵本（以下クロフォード家本とよぶ）を1864年に二名の書記を使って筆写させた大文典の写本がある（以下パジェス写本とよぶ）。

　これら大文典の諸本に関しては、すでに土井忠生博士による書誌解題がある（土井1982：78‐89）。さらにボードレイアン図書館蔵本（以下ボードレイアン本とよぶ）に関しては、その影印本に附された三橋健氏の詳しい書誌解説もある（大文典1976：511-518）。

　このたび筆者は、幸運にもボードレイアン本とクロフォード家本、そしてパジェス写本のすべてを閲覧する機会が与えられた。本稿ではクロフォード家本に焦点を当て、その伝来と、書入に関する若干の考察を記したい。

(1) 大文典版本二部について

　まず大文典のクロフォード家本とボードレイアン本を比較した概要を述べる。

○両本ともに四折判であるが、クロフォード家本はボードレイアン本よりも少し大きい。表紙においては、前者が縦24.3cm×横17cmであり、後者は縦23.8cm×横16.7cmである。扉紙においては、どちらも縦は23cmであるが、横は前者が16cmで、後者は15cmである。

○クロフォード家本の装訂は、表紙が花模様を散らした緑色の緞子で包まれて、表紙の内側にも金の下地に花模様の意匠があしらわれている。ボードレイアン本は緑の革表紙でその表面には菱形の浮き彫り模様があり、表紙の内側は大理石の紋様がある。

　クロフォード家本には背表紙に文字はなく、また小口に金付け装飾はなされていない。ボードレイアン本には金色の背文字があり、小口は金色に塗られている。

○クロフォード家本の遊び紙の一枚目にはCrawfordの署名とクロフォード家の蔵書票（Bibliotheca Lindesiana）が貼りつけられているが、その他に書入などは全くなく、伝来を特定する手掛かりはまったく見られない。ボードレイアン本には1810年の年号を持つラングレス（Louis-Mathieu Langrès 1763～1824）の署名が遊び紙の一枚目にある。

　ラングレスはフランスの東洋学者でコレージュ・ド・フランスのペルシャ語教授や王立図書館司書などを歴任した碩学である。

○本文に関しては、両本ともに全く一致するが、印刷の質はクロフォード家本の方が良い。例えば印刷の際に出来たとみられるボードレイアン本（：83v）の大きなインクの染みはクロフォード家本にはみられない。
○クロフォード家本には三十九箇所の黒いペン字による書入が本文の余白にみられる。ボードレイアン本の本文には書入が全くみられない。

(2) クロフォード家本の伝来について

土井（1982：78）にクロフォード家本の伝来に関して以下のような記述がある。

> ラングレス蔵書売立目録（Paris, 1825）に挙げてあるのは、絹地の装釘であって、クロフォード家本と一致するので、これもラングレスの手沢本であろう。クロフォード家では一八六三年にロンドンの古書肆 Quaritch を経て購入している。

クロフォード家本巻末の遊び紙には、クォーリッチ書店の創業者であったバーナード・クォーリッチ（Bernard Quaritch 1819～1899）による解題が貼り付けてある。これには確かに1863年にベルギーのゲントにおける競売でクォーリッチ書店がクロフォード家のためにこの大文典を購入したと記されている。しかし、この解題にはクロフォード家本がラングレスの旧蔵本であるという言及はなく、またその他の伝来に関する言及もまったくみられない[1]。

土井博士が典拠とされたとみられるラングレス蔵書売立目録

（Langrès：1825）の原文は以下の通りである。

> 1072. Arte da lingoa de Japam, composta pello P.Joao Rodriguez.Nangasaqui, Coll.da Comp.de J., 1604, pet. in-4, sur pap.de soie, v.vert gauf., dent., tr.dor.

このフランス語で書かれた大文典に関する書誌紹介は以下の様にある。

出品番号1072
書名 *Arte da lingoa de Japam*
著者名 P.Joao Rodriguez
出版地 Nangasaqui
出版元 Coll.da Comp.de.J

年号1604の後に登場する略解題は次のように解釈できるだろう。

○ pet.in-4：petit in-4「小型の四つ折り」
　　オリジナルを製本し直した時に小さくなったためとみられる。
○ sur pap.de soie：sur papier de soie「絹紙の上に」
　　同書は雁皮紙を使用しているが、当時フランスでは日本の薄様紙をこのように呼んだ[2]。
○ v.vert gauf：veau vert gaufre「表紙は緑色の牛革で浮き彫り模様あり」
○ dent：dentelle「表紙の端にレース模様あり」
○ tr.dor.：trenches dorées「小口と天地が金色が塗られてい

る」

　これらの特徴は、「絹紙の上に」ということ以外すべて、ボードレイアン本のみにあてはまるものばかりである。そして「絹紙の上に」は「絹地の装釘」ではなく、「雁皮紙に印刷した」を表現しているとみられる。また、ラングレスがこれ以外にもう一部大文典を所蔵していたという記録は売立て目録（Langrès 1825）には見られないので、クロフォード家本がラングレスの手沢本であったという証拠は、少なくともこの目録には全く存在しないといえる。

　クロフォード家文庫の歴史に関して、クォーリッチ書店から出版された「クロフォード家文庫」の名を冠した *Bibliotheca Lindesiana*（Barker 1977）という本がある。これによれば、クロフォード家が大文典を購入したベルギーのゲントで開かれた売立て（1863）の売り手は、ヴァン・アルシュタイン男爵（Baron Pierre Léopold van Alstein）という人物であった。ヴァン・アルシュタイン男爵は、印欧語以外の言語に関する稀覯本を収集していたことで知られ、1830年代にパリで行われたフランスを代表する東洋学者の蔵書売立てにおいて、多くの稀覯書を購入していたという。

　ラングレスとコレージュ・ド・フランスで同僚でありヨーロッパにおける中国学を確立させたといわれるレミュザ（Abel Rémusat 1788〜1832）が死去すると、彼と共にアジア協会（Société Asiatique）を設立したクラプロート（Julius Klaproth 1783〜1835）とサン・マルタン（Saint-Martin）も1830年代に相次いで世を去った。そして彼らが収集していた東洋関係の貴重な書籍は、パ

リにおいて行われた没後の蔵書売立てを通じ、広く欧州の収集家や図書館に広がることとなった。

　レミュザの次世代に属するフランスの東洋学者パジェスやジュリアン（Stanislas Julien 1817〜1873）とも交流のあった第25代クロフォード伯爵（Alexander William Lindsay 1812〜1880)[3]は、1863年のゲントにおける売立てに並々ならぬ意欲を抱き、クォーリッチ書店を仲介させて大文典を1050fr.で落札させたのを初めとして、中国やエジプト、さらにイスラム関係の多くの稀覯書を購入した（Barker 1977：210-213）。

　しかしBarker（1977）は、クロフォード家が購入した大文典が誰の旧蔵本であったかは記していない[4]。それで筆者は、大英図書館にあるサン・マルタン（Saint-Martin：1832）、レミュザ（Rémusat：1833）とクラプロート（Klaproth：1839）のそれぞれの蔵書売立ての目録を調べてみた。ところが意外なことに、クロフォード家に購入されることになる大文典は、この三人の売立て目録には記載されていなかった[5]。

　彼らはそろって、ロドリゲスの小文典（1620）を仏訳した『日本文典綱要』（1825）と『コリャード日本文典』（1632）は所蔵していたが、誰も大文典、小文典、『日葡辞書』のような、日本あるいはマカオで出版されたキリシタン版はまったく所蔵していなかったことが分かった。

　ちなみにラングレスの売立て目録（Langrès 1825）には大文典（1603）の他に、『コリャード日本文典』（1632）、『日葡辞書』（1603）、『日西辞書』（1630）、『羅葡日辞書』（1595）が記載されている。三橋健氏の書誌解説によれば、このうち『日葡辞書』は現在、パリ国立図書館蔵で、『羅葡日辞書』はフランス学士院図書館所蔵

であるという (大文典1976：513)。

ボードレイアン本は、ラングレスの署名もあり、売立て目録の記述と一致するので、間違いなくこれがラングレス旧蔵本とみられる。また内題の右上余白に、黒く消されてはいるが、おそらくどこかのイエズス会のコレジオの蔵書であることを示す書入[6]があることで、ヨーロッパのイエズス会に伝来した可能性が高い。

しかしながら現在のところクロフォード家本の伝来に関しては謎のままである。それを究明するためには、ヴァン・アルシュタイン男爵が参加したと思われる東洋学専門家の旧蔵本売り立て目録を1830年ぐらいから根気強く探せば、その手がかりは得られると考えられる。

(3) クロフォード家本の書入について

ボードレイアン本の本文には全く書入がない。影印本（大文典1976）でも確認できるように、同本の遊び紙にはラングレスの署名を初めとする様々な書入がある。そして標題紙の右上に黒く消された旧蔵者名とみられる書入があるが、それ以降本文には全く書入がない。影印本では下線を引いたか、印をつけたように見える部分があるが、今回閲覧してすべて書入ではないことが確認出来た。

クロフォード家本の本文には、筆者が確認したところで、ペン書きによる三十九箇所の書入がある。それらは複数の人物による筆跡ではなく、ある一人の読者が丁寧に大文典を精読した際に余白に書き込んだものとみられる。土井博士によるとロドリゲス自身の筆跡とは異なるとのことである（土井1982：78－79）。さらに土井博士は「付、クロフォード家本書入抄」として三十箇所

（大文典：3所載の存在動詞のポルトガル語訳を加えれば三十一箇所）を参考とすべきものとして挙げられた（土井1982：87-89）。

　筆者は、クロフォード家本を閲覧して、土井博士が指摘された書入をすべて確認することが出来たが、土井博士が挙げられなかった書入も八箇所発見した。それらを＊で示し、「クロフォード家本書入表」（土井1982：87-89）をもとに【表1】を作成した。

　範疇Ⅰ〜Ⅴは土井博士が設定したもので、Ⅵ〜Ⅸは筆者が付け加えた。太字が大文典の本文で、普通の文字がクロフォード家本にみられるペン字による書入である。

　なおパジェス写本はクロフォード家本の書入を、漢字を省くなど不完全ながら、朱色のペン書きで提示しようと試みている[7]。【表1】ではパジェス写本に朱色のペン書きで記録されていない書入等を〔　〕で示す。

【表1】クロフォード家本にある書入

Ⅰ．日本語の語形や例文に補訂を加えたもの

	丁行	本文	補訂された形
(1)	9, 15	cocorouo	cocoroaruuo
(2)＊	21v, 24-25	xitagaini	xitagai
(3)	28v, 23	xunda...musunda	xŭda, muſŭda 〔パジェス写本になし〕
(4)	55, 19	Xūsocu	Xôsocu
(5)	67v, 26. 28	Vareraga	Vareraga 抹消 〔パジェス写本になし〕

	丁行	本文	補訂された形
(6)	76v, 19	Vonaju	Vonajicu. it（item）
(7)	103, 27	yamaye	yamayeua
(8)	103, 28	fudeua	fudedeua. Cono fudeua cakenu, i. não escreue esta pena.
(9)	103, 29	Xiroyori	Xiroyoriua
(10)	109v, 14	ayūde	ayŏde〔パジェス写本になし〕
(11)	151, 1	quitta	quiranu
(12)	154, 1	Bandô. sa	Quantô sa

Ⅱ．日本語の意義をラテン語で注記したもの

	丁行	本文	書入
(1)	155, 15	jefi. i. Nefas	je fas. Fi, nefas
(2)*	159v, 2	facana	piscis〔パジェス写本になし〕
(3)	169, 25	quiŏdan	dialectus〔パジェス写本になし〕
(4)	170, 32	Quiŏye...	excipe verbú iru. i. intrare.
(5)	173, 38	Sumito...	sumì. i. carbo, sumí. i. angulus
(6)	173v, 1	Faxíuo...	faxí. i. paxilli qb. edútŕ（quibus eduntur）cibi. faxì. scala
(7)*	220, 10	..., tem Rocuxacu gofun,	varias
(8)	235, 18	Nenrai	annales〔パジェス写本になし〕

Ⅲ. 日本語を写す漢字を示したもの

丁行	本文	書入
(1) 55, 18	Xin, Sŏ, Guiŏ	caelú 天（楷書）xin. caelú 天（行書）sŏ. caelú 天（草書）ghiŏ.
(2) 130v, 32	Mata	又
(3) 130v, 35	Momata	亦
(4) 151, 5	propria letra	之 no
(5) 151, 8	coreuo	進 xinji 之 coreuo 候 soro（「進之」に返点を付す）
(6) 159, 6	Go, l, guio	御 guio. go. von. vo. mi. 〔パジェス写本になし〕
(7) 180v, 9. 10	Yuqui, ...	行 yuq. 尽 tzucusu. 江 cŏ 南 nanno 数 su 十 git 程 tei 曉 kiŏ 風 fŭ 残 zan 月 ghet 入 iru 華 qua 晴 xeini（「入華晴」返点を付す）〔パジェス写本になし〕

Ⅳ. 日本語のローマ字綴を訂正したもの

丁行	本文	書入
(1) 95, 14	Gue	Ghe 〔パジェス写本になし〕
(2) 158v, 14	GVIO	Lege Ghio 〔パジェス写本になし〕
(3)* 160v, 35	DONO	DOMO 〔パジェス写本では本文が DOMO〕
(4) 174, 25	Quiŏ	Kiŏ
(5)* 218, 37	Ieni	geni 〔パジェス写本では本文が geni〕

Ⅴ．他の関連箇所の参照丁数を示したもの

丁行	本文	書入	
(1) 78, 14	Do ARTIGO	Vide 137. b. et 149.	
			〔パジェス写本になし〕
(2) 135, 12	Ca	pag. 89.	〔パジェス写本になし〕
(3) 137v, 27	tratado	Vide 149.	〔パジェス写本になし〕

Ⅵ．印刷された文字をペンでなぞったもの

丁行	本文	書入	
(1)*73, 35	Nomeyo	Nomeyo	〔パジェス写本になし〕

Ⅶ．丁数を書き加えたもの

(1)*LIVRO SEGVNDO…第二巻の巻頭の右上に81. 82. 83とある。
〔パジェス写本になし〕

Ⅷ．大文典のポルトガル語を訂正したもの

丁行	本文	書入
(1)*103, 26	ſe pode	ſe podera

Ⅸ．日本語の活用表にポルトガル語訳を加えたもの（idßは idemと同意味で「上と同じ」と考えられる）

丁行	本文/書入	本文/書入
(1) 3, 3〜19	Aru / sou.	Niteau / sou.
	Vogiaru / sou. l. estou	De aru / idß
	Yru / estou	De vogiaru / idß

Gozaru / sou. l. estou	Nite gozaru / idß
Naru	De voriaru / idß
Maximasu / es, he. l. estas, esta	Nite maximasu / idß
Voaximasu / idß	Nite vouaximasu/idß
Voriaru / idß	Denai / n'est
Nai / nã Estar ⎤	De vorinai/idß Ser.
Vorinai/nã Auer ⎦	De gozanai/idß
Gozanai / idß	De sŏrŏ, l, soro/est sou
Saburŏ / sou	De so / idß
Fanberu / idß	Vataraxe tamŏ/idß
Nari / defectiuo. hé	Imaſo cariqueri.
sŏrŏ, l, soro / idß	Masu. i. Maximasu.
Sô / idß	Arazu/defectiuo. n'he
Zŏrŏ, l, soro / idß	

〔パジェス写本では idß が id と記載されている〕

　Ⅶ（1）で丁数（81. 82. 83）を第二巻の巻頭に書き加えたのは、大文典の丁付けに欠落があるからである。これら書入を加えた人物は、ポルトガル語、ラテン語、日本語（ローマ字と漢字）で書き込んでいることで、ラテン語と日本語の素養を持ったポルトガル語話者であった可能性が高い。またⅢ（7）ではローマ字で引用された漢詩の一部に、漢字に返点を加えた形で書入を残しているのは、この人物の手元にもロドリゲスが典拠とした漢詩集があったのではないだろうか。

　ところでパジェス写本にみられるクロフォード家本の書入に対して土井博士は以下のように解説している（土井1982：79）。

底本の書入も、日本語に対する訂正や補注の類は忠実に写し取り、ただ漢字については、最初に見える「天」の真草行三体は模写したが、思うに任せないためか、以下は断念している。

しかしながら、【表1】にあるように、クロフォード家本に漢字以外でなされた書入のなかにおいても、パジェス写本に朱色のペン書きで書写されていないものが少なくない。

さらに興味深いのは【表1】Ⅳ(3)とⅣ(5)で、どちらもクロフォード家本では注記であった DOMO と geni を、パジェス写本では本文に採用し、これがクロフォード家本の注記であったことは示されていない。また、クロフォード家本にある「別の頁を参照せよ」という注記（【表1】Ⅴ）は、パジェス写本ではすべて無視されている。したがってパジェス写本は、クロフォード家本にある書入をすべて正確に記録する意図はなかったと考えられる。

(4) おわりに

我々はラングレスから始まり、レミュザ、ジュリアン、パジェスへと続く十九世紀フランスの東洋学の開拓者たちに、多くのキリシタン版が現存することに関して感謝しなければいけないだろう。彼らがヨーロッパでいち早く、日本語研究におけるキリシタン資料の重要性を認識し、それらの収集活動の端緒をつくっただけでなく、クロフォード伯爵家のような貴重本の収集家にその価値を喧伝してくれたおかげで、散逸を免れたキリシタン版は少なくなかったと思われる。

注

1) クロフォード家本の巻末の遊び紙に貼られたによる解題のなかでバーナード・クォーリッチは、大文典は非常に珍しい稀覯本であり、彼が知る限りもう一部だけ、緑色の牛革表紙を持つラングレス旧蔵本があると記す。そしてそれはラングレスから Heber コレクションに渡り、再び1836年にパリにおいて売却されたことを述べ、クォーリッチ自身、現在の所有者を知らないと記している（以下に引用）。これはラングレス旧蔵大文典が1827年にオックスフォード大学ボードレイアン図書館に移ったという定説（大文典1976：513）と矛盾する。この解題に日付はないが、1863年のゲントにおける売立て以降に書かれたことは確かなので、クォーリッチのような当時の古書取引の第一人者が、ボードレイアン図書館にラングレス旧蔵大文典が所蔵されていたのならば、そのことを知らなかったことがあろうか。クォーリッチの見落としかもしれないが、ボードレイアン図書館がいつ大文典を購入したかを調査してみる必要があるだろう。

> The rarity of the original work is so great that besides the above copy I can only trace another which belonged to Langrès, bound in green calf. It passed from the Langrès collection into that of Heber, and was again sold in Paris in 1836 but its present owner is unknown to me.（Bernard Quaritch による解題から抜粋）

2) 高田時雄教授（京都大学人文科学研究所）のご教示による。
3) 筆者は *Bibliothca Lindesiana*（Barker 1977）の著者 Barker 氏に問い合わせたが、氏はヴァン・アルシュタイン男爵ががどこから大文典を入手したかに関しては把握していないとのことであった。
4) ラウレス師は『吉利支丹文庫』（Laures：1957〔1940〕）において、クロフォード伯爵（Earl of Crawford）とリンゼイ卿（Lord Lindsay）が別人であり、それぞれ大文典を蔵しているかのように記している。しかしこれは同一人物を指すのでクロフォード伯爵とリンゼイ卿が別々に大文典を所蔵していたことなどあり得ない。

5） 筆者はロンドンのクォーリッチ本店にあるアーカイブに1863年のゲントにおける売立目録がないかどうか問い合わせたが、見つからないとの返事を頂いた。

6） アーネスト・サトウ（Satow 1888：47）はボードレイアン本をColleg.Paris.Soc.Jefu.（イエズス会コレジオ・パリ）旧蔵とはっきり記している。しかし筆者がこの書入からかろうじて判読できたのは、末尾のSoc.Jefuだけであった。

7） パジェス写本（Pagès 1864）には、クロフォード家本にある書入を反映した朱色の書入以外に、黒色のペンによる書入がある。これら黒色の書入はPagèsか、またはこの写本によって日本語を学習しようとした他の人物によってなされたものと考えられる。それらには本文の単語に相当する漢字の書入に加えて、フランス語による注記もみられる。例えば、パジェス写本では、大文典（1604：179）の発声法を論じた部分で、Xin（脣）、Cuchibiru（脣）、Iet（舌）、Vocuba（奥歯）、Mayeba（前歯）、Cô（咽）、fambun（半分）という漢字が括弧をつけて示されている。そして臼歯を意味したポルトガル語 dentes queixais にはフランス語に翻訳した（molaires）の注記がある。

付章　『コリャード日本文典スペイン語草稿本』について

【これまで第一章から第七章にかけて論じてきたイエズス会士ロドリゲスの日本大文典（1604長崎刊）と同じ著者による日本小文典（1620マカオ刊）は、西洋人の手によって成った日本語研究史の金字塔であったということに異論を唱える人は皆無であろう。しかし続く徳川幕府の厳しいキリシタン禁教政策と母体であるイエズス会の解散（1773年教皇クレメンス十四世により発令）を経ると（1814年に教皇ピウス七世により再興を許されるものの）ロドリゲスの両文典をはじめとする日本イエズス会の出版物はいずれも天下の稀覯書となった。その結果ヨーロッパの知識人にはイエズス会の日本語研究の精華に接する機会は二百年以上の長いあいだ与えられなかった。

　実際1825年にフランスのアジア協会によってフランス語訳ロドリゲス日本小文典（1825パリ刊）が出版されるまで、ヨーロッパの知識人が日本語文法の知識を求める際にはドミニコ会士コリャードによって出版されたコリャード日本文典（1632）がほとんど唯一の手に入る文献とみなされていた。ディエゴ・コリャード（Diego Collado 1589～1641）はスペイン人のドミニコ会士で教皇庁とも関係が深く極東布教に関してはイエズス会に強い競争心を抱いていた。し

かしドミニコ会の日本進出はイエズス会に半世紀近く遅れ、十六世紀末にようやく来日したもののすぐさま厳しい禁教下の日本の現実に直面した。コリャード自身も滞日中（1619〜1622）は常に潜伏することを余儀なくされていた。そのためキリシタンが許容されていた時代から日本に進出していたイエズス会のように日本語の深い知識を時間をかけて蓄積することはできなかったとみられる。

　しかしコリャードが離日して十年後に著した日本文典は教皇庁のお膝元ローマで出版され、かつ当時の学術言語であったラテン語で書かれていたこともあり、ヨーロッパでは広く流通した。現在、このコリャードによる日本文典（1632）は同じ年にコリャードが出版した『さんげろく』と『羅西日辞書』とともにヨーロッパのほとんどの古い大学や図書館に蔵されていることがそのことを示唆している。

　時代は下って1738年にメキシコ在住のスペイン人フランシスコ会士オヤングレン（Melchor Oyanguren 1668〜1747）が日本語文典をスペイン語で出版した。もちろん鎖国が成立していた江戸時代中期の日本にオヤングレンが訪日する機会はなく、主としてフィリピンで日本語を学習したと考えられている。しかしメキシコで出版されたこの文典は知名度は低くヨーロッパでは長いあいだほとんど知られていなかったようだ。しかし十九世紀初頭にドイツの著名な言語学者ヴィルヘルム・フォン・フンボルト（Wilhelm von Humboldt 1767〜1835）が、中南米を探検して帰国した弟の博物学者アレクサンドル（Alexander von Humboldt 1769〜1859）からメキシコで手に入れたオヤングレンの日本文典

を送られるという偶然があった。それをヴィルヘルムが先のフランス語訳ロドリゲス日本小文典（1825）の補遺で紹介したことでオヤングレンの日本文典がヨーロッパで知られるようになったと推察される。したがってコリャード日本文典（1632）は日本語文典としての完成度はロドリゲスのそれに著しく劣るとはいえ、これだけ長いあいだ参照されてきたということだけでもキリシタン語学の研究から除外するのは不当であろう。この付章はコリャード日本文典をローマで出版されたラテン語刊本（L本）と大英図書館に蔵された書写年代は不明なスペイン語草稿本（S本）の関係について論じた拙論である。特に両本においてどのようにロドリゲスの大文典からの影響がみられるかを分析した。】

(0) はじめに

ドミニコ会士コリャード（Diego Collado, O. P. 1589〜1641）は1632年、ローマにおいていわゆる日本語に関する三部作（『日本文典』『さんげろく』『羅西日辞書』）を出版した。そのひとつである日本文典は、日本国内だけで、東洋文庫、上智大学、東京大学図書館、天理図書館等に所蔵され、海外では、アメリカ議院図書館、オックスフォード大学ボードレイアン図書館、ケンブリッジ大学図書館、ヴァチカン図書館、パリ国立図書館等、多くに所蔵されている。また日本文典は、コリャードの三部作が一緒に合綴されていることもあれば、他の同時代の語学書と合綴されていることもある。しかしながら、現在のところ本文の異同は全く報告されていない。

そしてコリャード日本文典とその内容において大きく重複するスペイン語稿本『八品詞による日本文典』が大英図書館に所蔵されていることが知られている。ラテン語版本はコリャードの著作になることは刊記から明らかであるが、スペイン語稿本は、どこにも書写年代、場所、書写者、原著者や訳者などの成立に関する情報は記載されていない。

以下コリャード・スペイン語草稿本をＳ本とよび、ラテン語による刊本をＬ本とよぶ。

なおＳ本がコリャードの自筆ではないことは、コリャードの自筆である羅西日辞書草稿本（*Vocabulario de la Lengua Japona*、ヴァチカン図書館蔵）と筆跡が全く異なることで明らかであると大塚（1967）が指摘している。

確かに両本ともイエズス会士ロドリゲスによる日本大文典に大幅に依拠していることは共通している。しかし、Ｓ本とＬ本を子細に比較してみると、初稿の形態に近いとされるＳ本の方が、Ｌ本よりも間違いが少なく、日本語文法書としてより整合性があるのが不思議である。本章では刊本であるＬ本とＳ本との関係について再検討を加えたい。

なお特に断らない場合以外は、コリャード日本文典の日本語訳は大塚（1957）を使用し、大文典とは Rodriguez（1604）を指し、小文典とは Rodriguez（1620）を指す。

(1) 大英図書館蔵スペイン語草稿本『八品詞による日本文典』（Ｓ本）について

Ｓ本は、ハンス・スローン（Sir Hans Sloane 1660～1753）の旧蔵書で、スローン卿の死後直後の1753年に、大英博物館の創設コレクションとして遺贈されたもののひとつである。スローン卿

は、王立協会の会長も勤めた著名な啓蒙主義的科学者であるが、稀代の書籍収集家でもあった。現在、大英図書館で最も古いスローン・コレクションの写本目録は、Ayscough（1782）であるが、これにはS本の内題である『八品詞による日本語』*Arte de lengua Japona por las ocho partes de la oracion* だけが掲げられている。しかし十九世紀末に大英図書館の司書によって編纂された写本目録では、コリャードのラテン語版日本文典（L本）からのスペイン語翻訳本であると記されている[1]。

S本は、各頁が縦14.5cm×横10.4cm、87葉の稿本で、イタリック体で雁皮紙に筆写されたものである。内題に『八品詞による日本文典』*Arte de lengua Japona por las ocho partes de la oracion* とある。本文84葉に続き、2葉（85r-86r）に渡って一章から四十七章までの章立てと頁数を記した索引がある。続いて86v は MVSEVM BRITANICVM の蔵書印のみ。その次に日本語に関する短い説明と二十三項の簡単な日本語例が二頁（87r-87v）にわたって記載されているが、語釈はフランス語でなされている。しかし、これらの語例はS本の本文のものではない。この索引とフランス語による書き込みは、本文に使われた黒色インクと全く異なる褐色のインクでなされ、字体も全く異なる。

（2）S本とL本に関するこれまでの研究

S本が、L本に先行する稿本の系統に属するとの定説を決定付けたのが、土井（1939）である。土井博士は、L本の直前に、序文例文を伴ったスペイン語写本があった傍証として、序文にある日本語の発音の説明の条で、ラテン語綴りで ia、ie、io、iu と表記されるべきヤ行音の説明に、スペイン語綴りの ya、ye、yo、 yu をうっかりと残してしまったことを挙げておられる。

　さらに土井博士は、L本はいくつかの段階を経て成立し、S本は恐らく第一次の稿本の系統に属しているとの主張をなされた。その理由として挙げられたのが以下の三点である。

① L本の方が説明も詳しく語例も多い。またL本はS本にはない序章と巻末に「文語における活用の法則」の2章が付け加えられている。
② イエズス会士ロドリゲスの日本大文典に大きく依拠しているのにもかかわらず、ドミニコ会士としての対抗意識からロドリゲスの日本語十品詞説に逆らい、S本で「八つの品詞による日本文典」という内題をつけたと考えられる。L本では、この内題は姿を消すが、本文典はアントニオ・ド・ネブリハのラテン文典に用いた品詞に準拠するという断り書きを使って八品詞説に立つことを強調した。
③ ロドリゲスは日本語の形容詞に関して、それが動詞的な語尾変化をすることに注目して、不規則動詞の一種であると判断し、形容動詞の名称を用いた。コリャードもS本においては形容詞の條で、形容詞は否定存在動詞の「ない」と同じ活用をするから、動詞と呼ぶ事ができると記したのに、L本になると、例えば「高い山」の「高い」は形容名詞で、「山が高い」の述語に用いたときだけが動詞であるというような見解を打ち出し、ロドリゲスに対して態度を硬化させていることを窺わせる。

　大塚（1957）は、その解説に於いて、以上の三点に同意した上

で次の四点を付け加えている。

④ ローマでの出版を考慮に入れて、S本で語例に使われた「カステレ」「ワスケス」のような当時日本で活躍したドミニコ会士の名前をL本では一般的なものに変えたり、「マニラ」「ルソン」を「マルセヤ」「エスパナ」に変えたりした。
⑤ L本では羅日辞書発刊のため語彙的なものを辞書に譲った部分がある[2]。
⑥ L本はS本よりも体系的に整理されている、例えば、否定存在動詞を別章にしていること。またL本では記述を具体的なものから抽象的なものへの変更がなされていること、例えば「敬意を表す動詞」の項、ga、caなどの助詞の説明がL本で付け加えられている。
⑦ 範例文の字句の相違と出入を見ればS本→L本の方向が見られる。

大塚（1957）以降、S本とL本の関係を論じた研究は見られない。現在の定説は、大塚（1985）の解説で示された「S本は、L本の初稿本の系統にたつ、後世の転写本である」という見解に集約される。

(3) S本以外の『八品詞による日本文典』について

土井（1939）でも触れられているが、アーネスト・サトウが1890年の日本亜細亜協会報に寄せた論文Satow（1890）がある。これはサトウが当時、ローマの布教聖省の文書を保管していたボルジャーノ資料館を1888年に訪ね、コリャードに関する以下の三

種の草稿を偶然発見したという報告である。

① (Pressmark Sc. 7 .fila 4 .vol. 5) コリャード自筆の羅西日辞書稿本 (*Vocabulario de la langua Japona*)
② (PressmarkSc. 7.fila 4.vol. 4) コリャードによる日本文典のスペイン語草稿。ただし、著者名などはなく、サトウは内容からコリャードの自筆草稿本と判断したという。表題のみが引用されている。

> Arte de la lengua Japona que ira por las partes de la oracion, conviene a saber, nomine, pronomine, verbo, participio, conjuncion, interjeccion, syntaxis, y quentas
> 　　日本語文典、品詞に分類され、知っておくべき事柄、
> 　　即ち、名詞、代名詞、動詞、分詞、接続詞、間投詞、
> 　　統語法、算法に関する事（私訳）

③さらに②と同じフォリオに二十七頁にわたるイタリア語訳のコリャード日本文典の稿本を発見したとして、サトウはその序文の一部を引用している。この稿本の内容についての記述は以下の通り。

> Questa grammatica della lingua Giapponese e cavata da un altra lunghissima, e molto confusa data in luce dal Padre Giovanni Rodriguez, e da una lunga pratica havuta con Giapponesi, e lettione de loro libri, ne quali si contiene la purita del loro idioma...

付章 『コリャード日本文典スペイン語草稿本』について 191

この日本語の文法書は、神父ロドリゲスによる非常に長く複雑な文法書と、(著者が) 長く日本語に親しんできた経験と、(著者が) 日本語の書籍を学習してきた成果という (三種の源泉から) 摘要した最も純粋な日本語の知識を有したものであり…(私訳)

ボルジャーノ資料館蔵書はその後ヴァチカン図書館に移譲されている。①の羅西日辞書草稿は現在、ヴァチカン図書館に収蔵されているものであろう。しかし②と③は現在、行方不明である。土井博士も実見しておられないという。残念なことに、これらが掲載されているSatow (1890) の趣旨は、天正少年使節に関する新資料の紹介が主であり、コリャードの資料に関しては以上のスケッチのような報告に留まっている。

サトウが手引きとしたPagès (1859) には、コリャード日本文典のポルトガル語草稿が布教聖省にあるとの記載があるが、サトウはパジェスのいうポルトガル語草稿は発見できなかったと報告している。パジェスの書誌が正しかったのならば、このポルトガル語草稿も所在は行方不明ということになる。

また、Pagès (1859：26) では、L本がフランシスコ会士フアン・デ・ヘスス (Fr Juan de Jesus、1704年没) によってスペイン語に翻訳されたと事と、その草稿の存在を記している。フランシスコ会のフィリピンにおける活動を記したHuerta (1865：527-528) によると、フアン・デ・ヘススは1679年にスペインからフィリピンに到着し、主としてマニラの修道院で活動した後、1704年にマニラで没した。多くの著作があり、日本関係の著作のひとつが、*Illustoria del Japon*、一巻 (刊行年度不明) で、もう

ひとつがS本とは別の、1682年に完成したというコリャード日本文典（L本）からのスペイン語訳本であるという。他の日本関係の書誌、Cordier（1912：325）、Streit（1929：248）にもフアン・デ・ヘススのスペイン語訳本は手稿本として存在することは記載されているが、現在の所在は不明である。

(4) L本へのネブリハの影響について

スペインの人文学者、アントニオ・デ・ネブリハ（Elio Antonio de Nebrija 1444〜1522）は、帝国主義における言語政策の重要性を主張したことで知られ、当時は俗語として文法研究の対象とみなされていなかったカスティリア語の文法書（Nebrija 1492）を初めて出版したことで知られる。しかし、ネブリハの人文学者としての最大の貢献は、それ以前に画期的なラテン語の文法書（Nabrija 1481）の出版を通じてなされた。それは中世の思弁的な文法論を退け、正書法、音韻論、語源論、統語論の四大部門から整然と文法事項を下位分類し、豊富な用例とともに提示するという新しい文法書のモデルを提供したことである（Padley 1988）。ネブリハの文法記述の方法は、スペインの植民地主義の拡大期、すなわち十六〜十八世紀、托鉢修道会系のスペイン人宣教師が世界各地の言語を記述する際に、絶大な影響を与えた。

西洋人による最初の本格的な中国語文法書『官話文典』（Varo 1703）を執筆したスペイン人ドミニコ会士フランシスコ・ヴァロも、その序でネブリハからの影響を銘記している。残念ながらL本にはネブリハの体系的な文法記述の影響は見られない。しかし、L本には序章の直後に、「本文典は、練達なるネブリハのアントニオその他の人々が、彼らのラテン語文法において使用した

品詞、名詞、代名詞…に終始準拠す。」(L本：6) とL本で唯一ネブリハに言及したところがある。このネブリハも唱える伝統的なラテン文法の品詞とは名詞、代名詞、動詞、分詞、前置詞、副詞、接続詞、間投詞の八品詞であろう。S本には、ネブリハにもラテン語文法へも言及は一切ないが、内題にある八品詞とは同様のものを指していると考えられる。

　土井博士は、コリャードがロドリゲスの日本語十品詞説への対抗意識からネブリハの八品詞説を採用したとされている（本章(2)節-②）。確かに、ロドリゲスはこれら八品詞に格辞と助辞を加えて日本語十品詞説を取っている。しかし、ネブリハは『カスティリア語文法』(Nebrija 1492) において十品詞説を採用したように[3]、ラテン語以外の言語の記述には八品詞説に拘泥していなかったのであるから、八品詞説を強調したい場合にはむしろネブリハへの言及は邪魔であったに違いない。

　したがって、コリャードがネブリハの名を持ち出したのは、スペイン帝国拡大時代の他の托鉢修道士による外国語文典の流れにつながっていることを強調する事を意図したためではないか。同時代の托鉢系修道会子が植民地において文法書を執筆する際に、ネブリハへの献辞を加えるのは慣習となっていたようである[4]。

　L本における唯一のネブリハの影響といえるのは、音韻、強勢に関する項目が「日本語の完全な発音のために」という副題がついた序章に集められたことである（【表1】参照）。S本では適宜、様々な章で説明されている音韻に関する項目を全部取り去り、それらをL本では序章に集中させたようになっている。巻頭に正書法を置くのは、ネブリハの「文法学の自然な順序[5]」に影響を受けた托鉢修道会系宣教師による文法書のスタイルに合致する。

【表1】S本にある発音に関する記述のL本での再配置

S本	L本
(2) v は、母音の前にきた時、viejo（古い）とか vaca（牝牛）とか vides（あなたが見る）のように、子音として発音するのではなく、母音のように v、a と、一つ一つの字として発音するのである。	(3：序) 日本語のある単語の中で、二つの母音が直接に結合されている時には、ラテン語 valeo（健康である）またはスペイン語の vaca（牝牛）におけるようには発音されないで、v, a ; v, o ; v, i のように、原のままに長く伸されて発音される。
(29)（gi の発音法に関して）イタリア語のように発音して ji でも chi でもない。（例. fagi 恥。）	(3：序) g の後に u がきてその直後に別の母音 e 又は i がくる時にはスペイン語におけるように発音される。例. guenin（下人） もし i が v なしに g の直後におかれていると、イタリア語の giorno（日）のように発音される。例. Xitagi（下地）
(30)（suru の発音法に関して）s は s でもなく c でもなく sç のように発音するのであって、これがこの国語における s の普通の発声法である。	(3：序) s は sç のように発音される。例. susumùru（勧むる）=sçusçumùru
(34)（õ と ô の発声法について）日本語においては、この o を発音するに特別な二つの方法があることに注意する。 その一つは、幾分口を閉じ、唇を合わせるので subatte（すばって）と呼ばれるもので ou	(4：序) o の上に ˆ の印がある時には、あたかも ou であるかのように幾分両唇を合わせ気味にし、口をほとんど閉じて発音する。例. búppô（仏法） o の上に ˜ か ´ の印があるときには、口を開けて oo の二字母

のようにしたもの。このoは書くときにはo（ôであろう）とする。これで第一活用未来形のoを発音する。 oを発音する他の方法は、oとするのに口を開くのでfirogatte（ひろがって）と呼ばれるものでooを発音するようにするもの。これはo（ǒであろう）と書き、第二活用の未来形はこれで終わる。	であるかのように発音される。例. ténxo（天正）、gacuxǒ（学匠）
(60)（û の発音について）高く、ほとんど二つの vu のようにして発音する。	L本なし
(144) t で終わる語の後に ua（は）が来るとそれは u を失う。例. taixetua（大切は） t が q の前に来ると c に変わる。例. xutqe（出家） 又 x の前に来ると x に変わる。例. xuxxǒ（出生） その他の変化は辞典参照。	L本なし

　このようにS本にある音韻に関する項目のほとんどが、L本の序章に集められたようになっているが、日本語の発音に関して重要な、S本（：60）の「û の発音について」と（：144）の入声に関する項目をL本が欠いているのは大きな欠陥である。

(5) L本における不規則動詞について

　土井博士は、コリャードのロドリゲスに対する態度が、S本からL本にかけて硬化した証左として形容詞的動詞（verbo adjective）に対する態度の違いを挙げられた（本章（2）節-③）。

しかしながら、L本におけるロドリゲスの形容詞的動詞に対する態度の硬化ということであれば、L本にはS本にはない「不規則動詞」の章が立てられていることにも注目すべきである。

まず大文典で提示された、動詞の活用による分類を概観しておこう。ロドリゲスは、日本語の動詞の活用として、三種類の基本的活用に、存在動詞の活用と不規則動詞（形容詞的動詞）を加えて五種類の動詞構成を立てた。それらを国語文法の分類に当てはめれば以下のようになる。（上ぐ、読む、習ふ）はロドリゲスが主たる語例として用いたもの。

○第一活用（上ぐ）：下二段、上二段、一段、カ変、サ変
○第二活用（読む）：ハ行以外の四段活用
○第三活用（習ふ）：ハ行の四段活用
○ラ変の「ある」は繋辞の性格を持つ存在動詞（verbo substantivo）とする。
○形容詞的動詞（形容詞、形容動詞）は不規則動詞である。

なお欠陥動詞（verbo defectivo）とは第一～第三活用のいずれかの分類に属するが、時制と法を示す活用語形の一部（態）を欠いたものである。

ロドリゲスの云う語根とは国語文法の連用形であるので、例えば、第一活用に分類されている上二段、上一段、カ変動詞の語根はローマ字表記のIで終る。そして下二段、下一段、サ変はEで終ると分類する（例えばague「上げ」のように）。そして、こ

の活用分類に基づき、ロドリゲスは、三種類の活用のそれぞれに肯定動詞、否定動詞を設定する。否定動詞とは、「上ぐる」という肯定動詞に対して「上げぬ」「上げず」「上げざる」のようにそれらの表す行為や動作を否定する動詞ということである。

欠陥動詞に関しては大文典の「話しことばに於いても書き言葉に於いても、時、法、数、人称の或るものを欠く欠陥動詞」(大文典：45r-47r) において、それら欠陥動詞が列挙されている。

L本で「不規則活用の動詞」の章に不規則動詞として挙げられているのは qi、uru (来、うる)、cui (悔い)、fe (経)、tari、ru (足り、る) といった動詞群である。これらは、ロドリゲスの定義するところの不規則動詞 (形容詞的動詞) ではなく、ロドリゲスが欠陥動詞として挙げている動詞の一部である。ロドリゲスの動詞分類では存在動詞、不規則動詞 (形容詞的動詞) 以外の動詞は、第一、第二、第三活用のいずれかの活用を取るとする。したがって、欠陥動詞も第一〜第三までのいずれかの活用形をとり、その上で、活用の一部が欠けているものを欠陥動詞と考えるのである。

S本では、L本のような「不規則活用の動詞」の章はなく、L本が不規則動詞として挙げている語例のうち、前半の qi、quru (来、来る)、mezzuru (愛づる)、cuyuru (悔ゆる)、araye (あらえ)、furi (古り) までを第十一章の「第一活用の動詞」の後半に置いている。そしてこれらの動詞は時制の点では第一活用に従うが、そのほか (法、数、人称のいずれかで) 一部を欠くことがあると大文典と同様の説明している。またL本の「不規則活用の動詞」の後半の用例で挙げられている tari、u (足り、る)、uocotari (怠り)、voi (老い)、urei (憂ひ)、tomi (富み)、sai guri、ru (遮り、る) の語例は、S本では第二十六章「共通動詞

の事柄について」（materia de verbos communes）と題された章に挙げられている。章の始めに、これらの動詞は基本的には第一活用に従うが、すべての態は取らないと説明されている[6]。つまり、S本は欠陥動詞という用語は使っていないが、「一部の態における活用を欠いた動詞」と説明することで、ロドリゲスの動詞分類の枠組みにかろうじて留まっている。

しかし、L本は、動詞の範疇のなかで、十分な説明のないまま、大文典の欠陥動詞の一部を挙げて「不規則動詞」という分類を立ててしまったので、第一、第二、第三動詞、存在動詞などが、どのように「不規則動詞」と関わるのかが、理解できなくなってしまっている。

なぜこのようにコリャードは動詞分類に関して破綻してしまったのだろうか。その原因はコリャードが、大文典における「形容詞、すなわち不規則動詞」という説を採らないことを動詞の分類を通じて強く主張したかったためと考えられないだろうか。ラテン文法とそれから派生した文法理論においては形容詞は名詞の下位に分類される。ロドリゲスが大文典において日本語の形容詞（国文法における形容詞・形容動詞）を不規則動詞として分類したのは大胆な創見であった。しかし、コリャードは、伝統的なラテン文法を遵守するという立場からこの見解を採らなかった。そしてそのことを強調するために、L本では、形容詞ではなく欠陥動詞の一部を不規則動詞とするとしたのではないか。その結果、動詞の分類が破綻してしまったのである。

(6) L本における第一活用動詞と第二活用動詞の混用について

S本では、第十章「動詞とその活用」に続いて、第十一章「第

一活用」が始まる。しかしL本では「動詞の組成と活用」に「第一活用」の章は吸収されたかのように、独立した章はない。S本では、大文典と同様に、第一、第二、第三活用動詞のそれぞれ肯定動詞、否定動詞の合計六種類を章として立てている。これに較べるとL本の「第一活用」の章がないのはいかにもバランスが悪い。しかし、何故L本では「第一活用」という章が消えたのかということに関して、コリャードは第一活用と第二活用をL本のなかで大いに混同していることと何らかの関係があるのではないだろうか。【表2】はL本における「第一、第二活用動詞の混用」を示したものである。S本において、対応する文章が存在する場合は、正しく第一活用と記述されているのが注目される。L本がS本を参照しつつ執筆したとすれば、わざわざS本にはない「第二活用」に関する間違いの文章をいくつか加筆したことになる。

【表2】L本における「第一活用」と「第二活用」の混用例一覧

L本	S本の対応箇所
(18)第二活用の動詞全部の語根はe（エ）、gi（ぢ）、又はji（じ）で終る。ただしxi（し）とmaraxi（まらし）とは別で、これらはi（イ）で終っているが、やはり第一活用の動詞である。	(29)第一活用
(18)xi（し）とmaraxi（まらし）とは第二活用の動詞であって、xi（し）をsuru（する）に変える。	(29)第一活用
(20)前に第二活用の動詞であると云った諸動詞の未来形を作るためには、それらの語尾がi（イ）で終る場合でも、やはりこれらの語がその後におかれる。例.deqiozu（出来うず）	(35)第一活用

(27) xi（し）か ji（じ）かで終わり、[†]第二活用である語根を e に変えて、この命令法を作る。例. so xè na（さうせな）、sómaraxe na（さうまらせな）、so zonjena（さう存ぜな）	(52)（この文章はない）
(37) 使役動詞は sàxe（させ）又は xe（せ）によって作られる。前者は第二活用の語根の後におかれ、後者は第二、第三活用の語根の後におかれる。	(76) 第一活用
(38) 受動動詞は助辞 rare（られ）と re（れ）とによって作られる。 rare（られ）は既に述べたように、否定形から nu（ぬ）を取り去り第二活用の能動動詞に結合される。例. āguerare、uru（上げられ、るる）、iomare、uru（読まれ、るる）、naravare、uru（習はれ、るる）。	(77) 第一活用 rare は第一活用に、re は第二、第三活用に上述の方法によって結びつく。
(38) 総ての受動動詞は第二活用の動詞である。	(79)（この文章はない）
(40) saxe、maxi、u（させまし、す）は第二活用の動詞の語根に後置するか、否定現在形から nu（ぬ）を取り去りそこにおくかする。	(84) 第一活用
(40) saxe rare、uru（させられ、るる）；xerare、uru（せられ、るる）は高度の敬意をあたえる。 前者は第二活用の動詞の否定現在形から nu（ぬ）を取り去ってその後におかれ、後者は第二、第三活用の否定形の後に前者と同一の方法によっておかれる。	(84) 第一活用

[†] 大塚（1957）の日本語訳脚注に「原文には第三活用とあるが誤。」とあるが、原文は第三活用ではなく第二活用（secundae coniugationis）である。なお大塚（1957）では、これら L 本の「第二活用」はすべて「誤り」として「第一活用」に校訂している。

この表だけを見ると、S本とL本では第一活用と第二活用が、そっくり入れ替わっている様に見えるが、S本にある総ての「第一活用」がL本で「第二活用」になっているわけではないのでそのような整合性はない。また第一活用のなかの、サ変動詞だけ、下一段動詞だけというように、第一活用の一部を第二活用に組み込んでいるのでもない。例えば上記のL本（：18）にある xi（し）と maraxi（まらし）が登場する二つの説明は矛盾しており、これでは第一活用なのか第二活用なのか分からない。

　またL本には「否定第一活用」の章（：26）はあるが「肯定第一活用」の章はない。肯定第一活用が否定第一活用の前提なのであるから独立した章は必要である。L本で否定第一活用として例として挙げられているのは、aguezu（上げず）、maraxenu（まらせぬ）、vorinanda（下りなんだ）などの大文典、そしてS本の定義する第一活用と一致するのである。しかし、【表2】のように、L本では第一活用とすべきところだけを第二活用としていることと、また「第一活用」の章立てを削除していることを合わせると、何か意図的なものであったと考えられる。コリャードは、ロドリゲスとは異なる動詞活用の分類を意図したが、それに徹底できなくて整合性を欠いてしまったのではないだろうか。あるいは、コリャードは大文典の動詞活用の分類をよく理解していなかったという可能性もある。

　そうであればS本が、コリャード自身の手による草稿を反映しているとすれば、草稿の段階で、きちんと理解していたものが、何故、L本にするときにこのような混乱を招いてしまったのだろうかという疑問が生じる。

(7) S本とL本における大文典からの範例文引用の相違

　S本、L本はともに日本語の語句・範例文の出典を記していないが、そのほとんどが、大文典に掲載された例を孫引きしたものである。それらは、大文典と同じ文法事項を説明する際に用いられていることから間違いない[7]。

　L本とS本の引用には全く同一のものもあるが、L本、S本で微妙な語句の異同がみられるものが多い。なお小文典からの範例文の引用は、S本、L本ともに全くない。S本、L本の大文典からの範例文の引用の仕方を比較するために、S本にある大文典から引用された長い範例文六十四例を整理してみた（小鹿原2009）。その結果は以下のようである。

① L本に引用された範例文はすべてS本にあり、S本にのみ引用された範例文が七例ある。
② S本の引用がL本よりも大文典に近いものが、十八例ある。
③ 逆にL本の引用の方が大文典に近いものは七例である。

　L本、S本、大文典に共通している範例文のなかから興味深い例を二つ挙げてみよう。

① L本に大きな異同があるもの
〇Riōbōni tachivacareteyru tocoroni quitcunega yosocara coreuo mite futatçuno nacani vacareta fitçujiuo totte curota. （両方に立ち別れている処に，狐がよそからこれを見て二つの中に分かれた羊を取って喰うた。）（大文典：16v）

付章　『コリャード日本文典スペイン語草稿本』について　203

〇Riobó nitachiua carete irutocoroni（両方に立ち別れている処に）（S本：39）
〇nhóbó ni tachi vacarete iru tocoroni（女房に立ち別れている処に）（L本：22）

なお大文典が出典として明記したEsopo（1593）では、以下のようなっている。

〇riŏbŏni tachiuacarete yrutocoroni, qitçunega yosocara coreuo mite, futatçuno nacani vocareta fitçujiuo totte curŏta.（両方に立ち別れて居る処に，狐がよそからこれを見て，二つの中に置かれた羊を取って喰うた。）「獅子王と、熊との事」（Esopo：1593）

エソポと大文典と間にvocareteとvacareteの異同もあるが、ここで注目したいのは、冒頭のriobo（エソポ、大文典、S本）とnhobo（L本）の異同である。L本に記されているnhobo（女房）はラテン語訳がcum essent diuisi & divertium fecissent coniugati（妻と別れて、或いは離婚して）とあるので誤植ではない。一方、S本のスペイン語訳はrioboの訳としてestando diuididos en dos partes（二つの部分に分かれている状態で）とあり、大文典のエソポからの引用に忠実である。コリャードはriobo（両方）をnhobo（女房）に変更することで、大文典とS本の両方の範例文から距離を取ろうとしたように見える。
　もしも『羅西日辞書』に記載されていないriobo（両方）の使用を避けるためだけならば、同辞書所載のriŏfŏ（両方）を採用

②S本に大きな異同があるもの
○ Cacaru voniua coganeno cusariuo icusugimo tçuqueta dŏgu de voriaru.（かかる緒には黄金の鎖を幾筋もつけた道具で居りある。）（大文典：138v）
○ voniua xirocaneno dōoguuo icuramotcuqeta monode gozaru.（緒には白銀の道具を幾らもつけた物でござる。）（S本：146）
○ cacàru uo niuà cõganeno cusari uo icusûgi mo tcuqeta dŏgu de gozàru.（かかる緒には黄金の鎖を幾筋もつけた道具でござる。）（L本：63）

この例はL本の引用が大文典の範例文に近い七例のひとつで、大文典「黄金の鎖」、S本「白銀の道具」、L本「黄金の鎖」の異同はL本の作者（コリャード）がS本に加え、大文典をも参照し、変更を加えた可能性が強いことを示している。コリャードはなぜこのような作業を行ったのか。考えられるのは範例文の引用する際に、コリャードは大文典、S本の両方の範例文を参照して、どちらからもあからさまな剽窃と批判されないようにL本の範例文を作ろうと努力していたのではないかいうことである。この場合、確かにL本の用例は全体としては、大文典のそれに近いが、S本の文末にある gozaru を取り入れることで大文典の用例の文末に見られる voriaru とも差別化を図ったのではないだろうか。

(8) S本とL本の関係についての考察

　これまで述べてきたことで明らかなように、L本はS本よりも欠陥の多い、完成度の低い日本文典であるといわざるを得ない。そのことを踏まえるとS本をL本の草稿本の系統に置くことには無理があるのではないか。むしろS本とL本は、全く違った意図で、全く違った著者によって作成されたと考えるほうが自然ではなかろうか。つまり、一方のS本はスペイン語を母語とする者が多かった托鉢会系の修道士たちが、日本語を習得するために大文典を主たる典拠として研究した成果をスペイン語の手稿本としてまとめたものであり、他方、L本はコリャードが、学問的というよりも政治的な意図をもってラテン語で出版したものと考えられる。

　この観点に立ち、次のような仮説を提示したい。まずS本の系統は、コリャード自身によるL本のスペイン語初稿が書かれる以前に、コリャードよりも滞日年数も長く日本語に堪能な在マニラの托鉢会系修道士によって、大文典を手本として成立したとみなすということである。日本での布教活動でイエズス会の後塵を拝した托鉢系修道会士には、禁教の圧力も強まる逆境において、独自の日本文典を一からつくるのは困難であった。それゆえ、競合関係にあったイエズス会士による日本語研究に頼らざるを得なくなったと想像される。

　大文典は、1608年に最終的に完成したといわれている。キリシタンに対する迫害の強まった1612年以降、多くの宣教師が日本を去り、イエズス会士はマカオに、托鉢会系修道士の多くはマニラに逃れた。フランシスコ会士だけでも、1610年から1620年の間に、

コリャードの滞日年数（三年余）よりはるかに長い八年から十二年の滞日年数を経たスペイン人会士四名が、マニラに逃れている[8]。また当時、ラテン語で詩作することが出来た日本人司祭もマニラに在住していたことが知られている[9]。

　こうして、おそらく日本で細々と始まった托鉢修道士たちによる大文典の研究は、日本から帰還する修道士が増えるとともに、マニラで本格的に着手され、S本、すなわち『八品詞による日本文典』として結実したと考えられないだろうか。

　もしそうであれば、マニラで最初に作成されたものは、サトウは発見できなかったが、パジェスが報告したように、大文典とおなじくポルトガル語で記述されたものであった可能性が高い。

　コリャードは、マニラから『八品詞による日本文典』をヨーロッパに持ち帰り、大文典を適時参照しつつ、L本のスペイン語草稿を執筆したのではないか。彼は1611年にマニラに到着し、1619年7月に日本に派遣されるまでフィリピンで活動した。そして1622年11月に離日して、ヨーロッパに戻る帰路もマニラを経由している。

　ヨーロッパに戻ったコリャードは、布教聖省の中心人物としてイエズス会の日本単独布教を強く批判していた。特にイエズス会の日本における貿易仲介事業を糾弾していたので、イエズス会で財務や貿易をも担当していたロドリゲスと、彼の日本語研究を素直に称揚できる立場にはなかったと考えられる[10]。それゆえ、L本が大文典のラテン語抄本に過ぎないと批判されることはどうしても避けたかったに違いない。

　L本の序文における大文典について述べた部分がその事情を語っている。

付章　『コリャード日本文典スペイン語草稿本』について　207

> 故にもしこの文典から必要なもの（それは事実多い）を取り出して、識者が見て是認されないようなものは取り捨て、さらに実地の見聞と不断の読書（それは福音宣布の者に神が恵み与え給うたものであるが）によって、私が会得したものにつけ加え、…（L本：3）

　Satow（1890）に引用されたイタリア語草稿（本章（3）節-③）も、その序文で、同様の趣旨を述べているが、L本は「識者が見て是認されないようなものは取り捨て」という文言が加えられていることで、「L本は、ロドリゲス大文典の単なるラテン語抄訳ではない」という意志を強く表明している。つまりコリャードは、大文典に大幅に依拠しているのにも拘わらず、内容、文体、範例文など、様々なレベルで、何らかの独自性を打ち出したという自負を示唆している。もちろんL本の独自性を打ち出そうとした試みが多くの過ちを含んでいたことは既に触れた。
　さらに、『八品詞による日本語』が、コリャード以外の在マニラ托鉢会系修道士によって作成されたという仮説に従うならば、コリャードは大文典に対する以上に『八品詞による日本語』との差異を強調する必要を感じていた可能性がある。
　日本から帰欧したコリャードは1623年からローマの布教聖省で活躍していたのだが、1635年に再び、日本を含む極東地域の布教の権限を握るという夢を抱いて、新しい宣教修道会設立のためフィリピンに戻ることになる。その準備は1632年の日本文典発刊の時点で既に始まっていたと考えられる。別の言い方をすれば、日本語三部作の発刊は、極東布教を担う新宣教修道会の長としてふさわしい創見に満ちた学識を誇示するために着手されたといえ

るのではないか。

　しかも新修道会の設立に関しては、マニラ管区の托鉢会系修道士たちとの激しい確執が予想された。したがって、L本は、在マニラの修道士たちによって作成された『八品詞による日本文典』の剽窃本であるという批判も避けたかったに違いない。

　L本の日本語用例はS本と大文典の用例を折衷したような例が多いということや、L本に「文語における活用の法則」という表題は立派だが、内容の乏しい最終章が付け加えられていること、また、L本はS本よりも記述が抽象的であるという指摘（本章(2)節-⑥）があるのも、L本の独自性を誇示するための苦心の結果と考えられよう。唯一、ネブリハの影響をL本に盛り込んだことは改善といえたが、「動詞の分類」に関して行った改変は、おそらくはコリャードの日本語能力の不足のため成功せず、逆にL本の最大の欠陥となってしまったのであろう。

　ちなみに1635年、布教聖省とドミニコ会総会長の許可を持って、新しい宣教修道会の代表としてフィリピンに到着したコリャードであったが、マニラのドミニコ会聖ロザリオ管区から強い反発と排斥を受け、権力闘争に敗れたコリャードは1641年にフィリピンから追放される。そしてヨーロッパへの帰途に海難死したのであった。

(9) おわりに

　この拙論では、S本の系統はコリャード以外の在マニラの托鉢会系修道士の手によって成立した可能性が高いと指摘したが、この仮説を検証する第一歩として、サトウが1888年にローマで垣間見たという「コリャード自筆の日本文典スペイン語草稿」（本章

(3) 節-②) の再発見が望まれる。

注

1) *Catalogue of Additional Manuscripts Sloane 1091-4100.* (8 vols) 大英図書館の閲覧室にある同カタログの第一巻巻末に司書 Sir Edward Bond による1873年9月の日付を持つ書き付けがある。S本 (Sloane 3459) に関する記述は以下の通り。

> "Arte de lengua Japona por las ocho partes de la oracion" ff. 1-84. Translated from the Latin of Didacus Colladus printed at Rome, 4^0, 1632,"

2) これは (2) 節-①の「L本の方が語例が多い」という指摘と矛盾する。実際、用例 (v. g.) として挙げられている項目では、L本の四四八例に対し、S本は四七六例ということでS本とL本は拮抗している。またS本にも「辞書を参照せよ」(vide in vocabulario) という指示が七箇所見られる。

3) Nebrija (1492) の第三巻の序に以下のようにある。

> 従って、カスティリャ語では、全部で十品詞があることになろう。つまり、名詞、代名詞、冠詞、動詞、分詞、ヘルンディオ、不定分詞名詞、前置詞、副詞、接続詞である。(中岡訳1996：78)

4) コリャードが意識したと思われるネブリハへの献辞を含む托鉢会系宣教師によるインディオ諸語の文法書に Maturino (1559) と Molina (1571) がある。

5) Nebrija (1492) の第五巻の序に以下のようにある。

> (一巻から四巻までは) 文法学の本来の順序に従い、まず最初に文字と音節を取り扱い、続いては語と品詞の配列を取り扱った (中岡訳：160)

6） Los verbos siguientes son irregulares quanto a no tener todos sus cassos como se dixo arriua de otros de la primera conjugacion．（S本：73）
　　以下に述べる動詞は、先に述べた第一活用の動詞のようにすべての態をとらないので不規則である。（私訳）

7） L本の英訳本（Spear 1975）ではL本における大文典からの日本語語句・範例文の引用を全部で一二四例としている。
8） オイテンブルク（1981）に「16〜17世紀の日本におけるフランシスコ会士一覧」（pp.363-371）がある。
9） 原田（1998）「第一章　十七世紀初頭にマニラでラテン語の詩を書いた日本人司祭後藤ミゲルについて」
10） コリャードの筆になる『ソテロ陳情』Sotelo（1624）にロドリゲスについて触れている部分があるが、それには

　　…el Padre Iuan Rodriguez, interprete del Emperador, y algunos Religiosos, que manejauan la mercancia…
　　フアン・ロドリゲス、皇帝の通訳で、他の宗教家とともに、長崎で交易をつかさどっていた者（私訳）

とだけあり、ロドリゲスの日本語学への貢献は言及されず、ただイエズス会の長崎における商取引行為の責任者として強い批判の対象とされている。

【後記】
　この拙論「『コリャードの日本文典スペイン語稿本』について」を発表後、ドイツはルール・ボーフム大学日本文学・語学学部のスエン・オースタカンプ教授（Prof. Dr. Sven Osterkamp, Ruhr-Universität Bochum）からいくつかの貴重な御教示をいただいた。
　第一に拙論（3）節末尾でフランシスコ会士フアン・デ・ヘスススのスペイン語訳コリャード日本文典稿本の所在が不明であると筆者は記した。しかしながら（筆者は見逃していたが）これには野間一正氏の研究がすでにあり、この論文によればヘススの稿本はスペイン、グワ

付章 『コリャード日本文典スペイン語草稿本』について　211

ダハーラ県パストラーナ村、フランシスコ会文書館に保管されているという（野間1965）。

　同じく拙論（3）節で1888年にローマのボルジャーノ資料館でアーネスト・サトウが閲覧した次の二つの文献は所在は現在のところ不明であると記した。

　〇「コリャードによる日本文典のスペイン語草稿」
　〇二十七頁にわたるイタリア語訳のコリャード日本文典の稿本

　しかしオースタカンプ教授の最近の論文（Osterkamp 2014）によるとこの二つの資料はどちらも昨年度、ヴァチカン図書館（Biblioteca Apostolica Vaticana）内で新しい分類番号を与えられ所蔵されていることを再発見されたという（分類番号 Borg. lat. 771）。オースタカンプ氏は今後コリャードの日本文典のラテン語刊本と三つの草稿資料（①大英図書館蔵スペイン語稿本②ヴァチカン図書館蔵スペイン語稿本③同図書館蔵イタリア語稿本）の比較研究に着手されるそうである。詳しい研究報告が待たれる。

付章参考文献
井出（1979）：井出勝美訳、ホセ・デルガド・ガルシア註『コリャド日本キリシタン教会史補遺1621-1622』雄松堂1979
小鹿原（2009）：「コリャード日本文典の研究」平成20年度京都大学文学部修士論文
大塚（1957）：大塚光信訳『コリャード日本文典』（市河三喜博士本底本）風間書房1957
大塚（1966）：大塚光信編『コリャード羅西日辞書』臨川書店1966
大塚（1985）：大塚光信『コリャードさんげろく私注』臨川書店1985
大塚（1967）：大塚光信「コリャードの日本語辞書について」『本邦辞書史論叢』山田忠雄編　三省堂1967
オイテンブルク（1980）：T．オイテンブルク著、石井健吾訳『16〜17世紀の日本におけるフランシスコ会士たち』中央出版社1980．pp.363-371
土井（1939）：土井忠生「コリヤド日本文典の成立」『日本諸学振興委

員会研究報告，第三篇、国語国文学』内閣印刷局1939
野間（1965）：野間一正「フアン・デ・ヘスースの日本語文典について」ヒスパニカ10．1965
原田（1998）：原田裕司『キリシタン司祭後藤ミゲルのラテン語の詩とその印刷者税ミゲルをめぐって』近代文芸社1998
Ayscough（1782）：S. Ayscough, *A catalogue of the manuscripts presented in the British Museum.*, London, 1782, 2 vols.
Boxer（1963）：C. R. Boxer and J. S. Cummins, *The Dominican Mission in Japan (1602-1622) and Lope De Vega*, Rome 1963
Cordier（1912）：Henri Cordier, *Bibliotheca Japonica*, Paris Imprimerie Nationale, 1912.
Esopo（1593）：*Esopo no Fabvlas*, Collegio Amacusani, 1593, British Library. p.477
Huerta（1865）：Felix de Huerta, *Estado geografico, topografico...* Filipinac. Manila 1865.
Maturino（1559）：Gilberti Maturino, *Grammatica Maturini*, edicion por Rosa Lucas, Zamora, colegio de Michoacan, 2004（1559）
Molina（1571）：Alonso de Molina, *Arte de la lengua: mexicana y castellana por el reverendo padre Fray alonso de Molina*, Ediciones Cultura hispanica 1945（1571）
MSS.3459：*Arte de lengua Japona por las ocho partes de la oracion*, British Library Sloane. 3459、略称『コリャード日本文典スペイン語草稿』
Nebrija（1492）：『カスティリア語文法』エリオ・アントニオ・デ・ネブリハ著、中岡省治訳　大阪外国語大学学術研究双書14、1996
Osterkamp（2014）：Sven Osterkamp, *Notes on the Manuscript Precursors of Collado's Ars grammaticae Iaponicae lingvae in the British Library (Sloane Ms. 3459) and Especially Biblioteca Apostolica Vaticana (Borg. lat. 771)* Bochumer Jahrbuch zur Ostasienforschung 36
Pagès（1859）：Leon Pagès, *Bibliographie Japonaise ou cata-*

logue...Paris, 1859.
Padley（1988）：Chapter 2. Spain:*A Spanish Renaissance? Grammatical Theory in Western Europe 1500–1700*, G. A. Padley Cambridge University Press 1988
Satow（1890）：E. M. Satow "The origin of Spanish and Portuguese Rivalry in Japan *Transactions of the Asiatic Society of Japan Vol. XVIII*, Tokyo, The Hakubunsha, 1890
Rodoriguez（1604）：『日本大文典』原著者 J. ロドリゲス、訳注者 土井忠生　三省堂　1955
　　　　　『日本文典 *Arte da lingoa de Iapam*』オックスフォード・ボドリーアン図書館所蔵本影印本 勉誠社　1976
Rodriguez（1620）：『ロドリゲス小文典』（ロンドン大学オリエント・アフリカ研究所蔵本影印本）福島邦道編　笠間書院　1989、『ロドリゲス小文典』上、下　池上岑夫訳　岩波文庫　1993
Sotelo（1624）：「ソテロ陳情」Luis Sotelo, *Relatio Japonica Omuren 1624*（天理図書館蔵）
Spear（1975）：*Diego Collado's Grammar of the Japanese language*, edited and translated by Richard L. Spear, Center for East Asian Studies.the University of Kansas（1975）
Streit（1929）：von Rob Streit, *Biblioteca Missionum V.* Aachen, 1929.
Varo（1703）：Francisco Varo, *Arte de la Lengua Mandarina*, Canton, 1703（John Benjamins B. V, 2000）

付　キリシタン資料について

　天文十八年（1549）のザビエルの来朝から、慶安三年（1650）までの期間を日本のキリシタン世紀と呼ぶことがあります。前半の半世紀は南蛮貿易において日本の権力者たちとの利害の一致をみたこともあり、単発的な迫害はあったものの全体としてはキリシタン宣教に寛容な態度が取られました。そして1590年頃からはイエズス会以外の会派、フランシスコ会、ドミニコ会なども日本に宣教師を送るようになり、ときに先行のイエズス会と衝突をしながら布教活動を開始しました。しかし後半の半世紀は鎖国に向かう為政者がキリシタン禁教を強化させていく苛烈な迫害の時代となったことはよく知られている通りです。この時代は徐々に外国人宣教師は追放されました。その結果、日本人信者は信仰を実践することが困難となり、キリシタン信仰は明治時代まで潜伏することとなりました。

　日本語が古代語から近代語へ展開する時代、中世、それも室町時代の口語資料としては次の三種の資料があります。第一に舞台の台本としての狂言資料、第二に禅僧や博士家の学者が残した講義の聞書を中心とする抄物資料、それから第三にイエズス会を中心とするキリシタンが残したキリシタン資料です。量が圧倒的に多いのは抄物資料ですが、キリシタン資料はローマ字で日本語が表記されたことで当時の発音を再現するのに利用されてきました。例えば日本語とポルトガル語の辞書『日葡辞書』（1603長崎）

をみると「母」が「fafa（ファファ）あるいはfaua（ファワ）」とローマ字表記されています。これにより語中のハ行音がワ行音に転ずるという「ハ行転呼音」が「母」に表れていたことがわかります。

　ポルトガル人イエズス会士ジョアン・ロドリゲス（1561頃～1633）の著した『日本大文典』（1604長崎）は前掲の『日葡辞書』と並んでイエズス会による日本語研究の精華と考えられています。ロドリゲスは西洋人として初めて日本語の文法の体系化を試みたといえるでしょう。これらのすぐれた日本語研究の成果が結実するにはイエズス会士フランシスコ・ザビエルが宣教師として初めて日本の地を踏んでから半世紀に渡る長い研鑽がありました。

　ザビエルが初めて日本の地を踏んだ当時のイエズス会は、わずかその十五年前パリにおいて創設者イグナチウス・ロヨラやザビエルを含む七人の同志によって創設されたばかりの新興の（しかし最も近代的な）カトリック修道会でした。彼らの第一の使命はプロテスタントによる宗教改革の嵐が吹き荒れていた欧州大陸においてカトリックが巻き返しを行うための尖兵になることでした。しかしまたイエズス会は最初から活動範囲を欧州だけに限らず、大航海時代に開かれた非キリスト教徒への世界宣教を重視していました。そのようなとき当時アジアとの貿易活動を独占していたポルトガル国王（ジョアン三世）が1540年に教皇パウロ三世を通じ、アジアでのイエズス会への布教活動への財政的援助と保護を申し出ました。イエズス会はこれを受けいれ、その直後、教皇によってイエズス会は修道会として公認されました。イエズス会は海外布教に臨む際に現地の言葉を学び、その異教徒の言葉によっ

て民衆をキリスト教へ導く方針をとりました。もちろんイエズス会のみならずフランシスコ会、ドミニコ会などの他のカトリックの修道会も海外で布教活動を行うにあたっては、それぞれの赴任地の風俗習慣を研究し、現地の言葉による布教に努めたのは同じでした。しかしイエズス会が最も熱心にこの方針に従ったと思われます。その結果、世界各地でイエズス会士をはじめとする他の修道会士によってつくられた宣教師文典とよばれる現地語の文法書が残されています。日本ではイエズス会が最初に日本に進出したことと、ポルトガル王権の後ろ盾もあったということで他のどの修道会よりも日本語研究にも優れた成果をあげることができました。これはイエズス会が日本で印刷刊行を始めたことで決定的になりました。

　天正十八年（1590）にイエズス会巡察使アレッサンドロ・ヴァリニャーノ（1539〜1606）が四人の少年天正遣欧使節を連れて八年ぶりに来日しました。ヴァリニャーノはこの時、日本にヨーロッパから活字印刷機を持ち込み、日本での書籍の出版という事業、いわゆる「キリシタン版」を創設しました。これは実に画期的なことで以後、禁教令（1613）によって印刷機がマカオに撤去されるまで約二十年間、約五十点に及ぶ書籍が日本で印刷されたと考えられています。そのうち現存するものは約三十種です。これらは当初、ローマ字活字のみの印刷でしたが、後には日本の漢字、仮名文字の活字を用いた国字本の両方が制作され、その印刷技術は高く評価されています。これらは室町時代から江戸初期にかけての貴重な国語史の資料であるばかりでなく、東西交流史や宗教史の分野でも重要な文献です。

ヴァリニャーノによる印刷機導入以後は、キリシタン資料を刊本と写本資料に分類することができます。イエズス会のキリシタン版に代表される資料は印刷された刊本です。しかし例えばイエズス会士ルイス・フロイス（1532〜1597）が著した『日本史』は二十世紀になるまで活字化されることはなく写本の形でしか存在していませんでした。また現在、ローマのイエズス会文書館に保管されている日本人信者がローマ字で書いた日本語の書簡なども写本資料に含まれます。

代表的なキリシタン版を年代順に列挙してみます（特に注記がない場合はイエズス会版）。

1591	『サントスの御作業の打抜書』（加津佐）	ローマ字
1592	『ドチリナ・キリシタン』（天草）	ローマ字
1592頃	『どちりいなきりしたん』（天草）	国字
1592	『ヒデスの導師』（天草）	ローマ字
1592	『平家物語』	
1593	『エソポ物語』『金句集』（天草）	ローマ字
1593	『ばうちずもの授けやう』（天草）	国字
1595	『羅葡日対訳辞書』（天草）	ローマ字
1596	『コンテムツス・ムンヂ』（天草）	ローマ字
1598	『落葉集』（長崎）	国字
1598	『サルヴァトル・ムンヂ』（長崎）	国字
1599	『ぎやどぺかどる』（長崎）	国字
1600	『ドチリナ・キリシタン』（長崎）	ローマ字
1600	『どちりなきりしたん』（長崎）	国字
1600	『朗詠雑筆』（『和漢朗詠集上』）（長崎）	国字

付　キリシタン資料について　219

1603	『日葡辞書』（長崎）ローマ字
1604	『日本大文典』（長崎）ローマ字
1605	『サクラメンタ提要』（長崎）ローマ字
1607	『スピリツアル修行』（長崎）ローマ字
1610	『こんてむつすむん地』（京都）国字
1611	『ひですの経』（長崎）国字
1620	『日本小文典』（マカオ）ローマ字
1622	『ロザリオの記録』（マニラ）ドミニコ会　ローマ字
1623	『ロザリオの経』（マニラ）ドミニコ会　ローマ字
1630	『日西辞書』（マニラ）ドミニコ会　ローマ字
1632	『コリャード日本文典』（ローマ）宣教聖会印刷　ローマ字
1632	『コリャード懺悔録』（ローマ）宣教聖会印刷　ローマ字
1632	『コリャード羅西日辞書』（ローマ）宣教聖会印刷　ローマ字

これらキリシタン版のすがたを様々な観点から分類すると以下のようになります。

【国内出版・国外出版】キリシタン資料を日本国内出版と国外出版で分類することができます。日本国内で出版することができたのはイエズス会だけでした。しかしイエズス会にも国外出版があります。例えば『日本大文典』を著したロドリゲスが日本を追放された後、1620年にマカオで出版した日本語文法書『日本小文典』がその一つです。また他の修道会が出版した日本関係の書籍

ではドミニコ会のコリャードがローマで『日本語文典』『羅西日辞書』『懺悔録』（いずれも1632）を出版しています。

【使用言語】キリシタン資料を使用言語から分類すれば、ラテン語やポルトガル語のような西洋の言語で書かれたものと日本語を使用したものがあります。そして後者にはローマ字表記と国字表記の二種類があります。

【内容】キリシタン資料を内容から分類するとキリスト教の教義を説明し信心を深めるための教化・宗教文学と、外国人神父が言葉稽古のために用いる文学・語学書の二種類があります。前者が文語体で書かれていることに対して後者は口語体で書かれていることに特徴があります。

　最も重要な教義書とされていたのがキリシタンの教義を初心者のために説いた『どちりなきりしたん』（1592天草、1600長崎）です。これは1592年と1600年にそれぞれローマ字本と国字本が二様、合わせて四種も刊行されています。また『コンテムツス・ムンヂ』（ローマ字本1596天草、国字本1610京都）は、十六世紀のヨーロッパで広く読まれた宗教書を翻訳したものですが、特に典雅な日本語の文語体で知られています。口語体で書かれた作品の代表が『平家物語』（1592天草）と『エソポ物語』（1593天草）です。これらは外国人の言葉稽古のためにつくられた書籍です。ただしキリシタンが手本としたのはキリシタン版が印刷された九州の言葉ではなく、あくまで京の教養ある人士が使う話し言葉でした。ロドリゲスの『日本大文典』や『日葡辞書』のような語学書、辞書も言葉稽古のための書籍に含まれますが、同様に教養ある京

の人士が使う日本語を手本にするという規範意識を持っています。

　以上で述べたような日本で出版されたキリシタン資料の多くは日本の禁教下の弾圧で失われてしまいました。またヨーロッパではイエズス会が十八世紀後半にフランス、スペイン、ポルトガルの王権と相次いで対立し、イエズス会士は世界各地で追放され、会の財産は没収されてしまいました。さらに1773年には教皇クレメンス十四世は王権の圧力に屈しイエズス会を解散を命令しました（しかし1813年に教皇ピウス七世がイエズス会を再興させました）。この結果、日本イエズス会がつくりあげたキリシタン資料は、たとえ欧州に戻ることができたとしてもその多くは一度はイエズス会士の手から離れてしまったと考えられます。

　約二百年を経て、最初にイエズス会士の日本語研究に再評価を与えたのはフランスの東洋学者でした。フランスでは欧州で最も早く（1814）に中国語の講座がコレージュ・ド・フランスに設けられました。その記念すべき初代の担当教授が若干二十六歳のアベル・レミュザ（1788〜1832）という人物でした。レミュザは1822年にはフランスのアジア協会（Société Asiatique）を創設し、中国語のみならずモンゴル語、ウィグル語やチベット諸語といった東洋語全般の研究をも主導した天才です。そんなレミュザが1825年にフランス王立図書館にあったロドリゲスのポルトガル語で書かれた写本『日本小文典』を『日本大文典』（1604長崎）と校合した上でフランス語に訳してアジア協会の手によって出版させました（レミュザ自身も日本語の表記に関する冒頭の一章を寄稿しています）。それまでの欧州では日本語の文法書といえばドミニコ会士コリャードが著したいくぶん明晰さに欠ける『日本文

典』(1632ローマ)しか手に入りませんでした。ヴィルヘルム・フォン・フンボルトのようなヨーロッパの知識人は仏訳『日本小文典』(1825)を読んで二百年前のイエズス会士による日本語研究の水準の高さに驚きました。ここにイエズス会によるキリシタン版の再評価の始まりをみることができるでしょう。その後フランスの東洋学者レオン・パジェスがキリシタン語学の精華『日葡辞書』(1603)を『日仏辞書』(1862～1868パリ)として翻訳出版したことでキリシタン資料の優秀さは更に広く認識されることになりました。パジェスはまたキリシタン時代から現在までを網羅した『日本図書目録』(1859パリ)とキリシタン時代の日本の歴史を記述した『日本キリシタン宗門史』(1867～1870パリ)を出版しました。

このようなフランスにおけるキリシタン資料の再評価は幕末から明治初期にかけて来日したイギリス人にも影響を与えました。その中には幕末から明治にかけて日本に赴任していたイギリス人外交官アーネスト・サトウや東京帝国大学で博言学(言語学)の初代講師となったB. H. チェンバレンがいました。サトウは日本で未発見のキリシタン資料を熱心に渉猟し『日本耶蘇会刊行書誌1591-1610』(1888)を私費出版しました。またチェンバレンは大学で上田万年らに仏訳『日本小文典』を使って日本語学を教授しました。後に東京帝国大学の初代国語学担当教授となった上田万年自身もこの仏訳『日本小文典』を講義で取り上げたことで知られています。

日本人によるキリシタン資料の発掘、研究も1880年代に始まるようになり、その後、大正時代の末期になると、キリシタン資料

の存在は一般大衆にも広く知られるようになりました。文学では芥川龍之介がキリシタン資料を巧みに用い、いわゆる「吉利支丹物」に健筆を振るったことが有名です。この時代の代表的な研究者としては上田万年の教え子で京都帝国大学で博言学科を創設した新村出（1876～1967）が挙げられます。新村は『天草版平家物語』や『天草版エソポ物語』をはじめとする、当時は南蛮とも呼ばれていた多くのキリシタン資料を翻刻、紹介したことで知られています。またその高い資料的価値が認識されると、日本の旧家や海外の図書館に埋もれていたいくつかのキリシタン資料の再発見も大正～昭和時代初期になされました。

　新村の次の世代のキリシタン研究を主導したのは新村出の教え子であった土井忠生（1900～1995）です。土井は特にロドリゲスの『日本大文典』の邦訳（1955）と『日葡辞書』の邦訳（1980）を翻訳出版することでキリシタン資料を使った国語学研究に大きく寄与しました。日本イエズス会ではヨハネス・ラウレス師が中心となって1939年に上智大学に吉利支丹文庫が設立され、ラウレス師はキリシタン資料の書誌『吉利支丹文庫』（1940）を出版しています。

【初出について】

第一章　宣教師文典としてのロドリゲス日本大文典
　　　　本著が初出。
第二章　大文典における文法記述について
　　　　「ロドリゲス大文典における主語と主格について」『国語国文』第82巻8号2013.8
第三章　大文典における語根について
　　　　「ロドリゲス大文典における語根について」『国語国文』第81巻2号2012.2
第四章　大文典における中性動詞について
　　　　「ロドリゲス大文典における中性動詞について」『国語国文』第80巻4号2011.4
第五章　大文典の「条件的接続法」から小文典の「条件法」へ
　　　　同題『国語国文』第79巻9号2010.9
第六章　大文典における「同格構成」と「異格構成」について
　　　　「ロドリゲス大文典における「同格構成」と「異格構成」について」『国語国文』第81巻10号2012.10
第七章　大文典クロフォード家本について
　　　　「ロドリゲス大文典クロフォード家本について」『京都大学国文学論叢』第25号2011.3
付　章　『コリャード日本文典スペイン語草稿本』について
　　　　同題『国語国文』第78巻12号2009.12
　付　　キリシタン資料について
　　　　本著が初出。

【参考文献】

( ) は刊行年度を示す。復刻版の場合初版の刊行年度を〔 〕で示す。

『平家物語』(1592)：*Feiqe no Monogatari* 天草1592 大英図書館蔵
『伊曽保物語』(1593)：*Esopo no Fabulas* 天草1593 大英図書館蔵
『金句集』(1593)：*Qincuxŭ* 天草1593 大英図書館蔵
日本大文典 (1604)：Padre Joam Rodriguez, *Arte da lingoa de Iapam*
   Nangasaqui 1604
   ：①クロフォード家本（クロフォード伯爵家蔵）
   ：②ボードレイアン本（Oxford 大学 Bodleian Library 請求番
    号 Arch.B.d.14）
   ：③パジェス写本（土井洋一先生蔵）(Pagès1864)
 土井忠生訳註『日本大文典』三省堂1955
 土井忠生解題. 三橋健書誌解説『日本大文典』(ボードレイアン本影
  印) 勉誠社1976
日本文典綱要 (1825)：『仏語訳日本小文典』*Élémens de la Grammaire*
   Japonaise par le P. Rodriguez trad. du Portugais par M. C.
   Landresse, Paris 1825
小文典 (1620)：Joao Rodriguez, *Arte breve da lingoa Iapoa* Macao 1620.
   『ロドリゲス小文典』(ロンドン大学オリエント・アフリカ研究
   所蔵本影印本) 笠間書院1989
日葡辞書(1603)：*Vocabvlario da Lingoa de Iapam*
   ：①(パリ本日葡辞書)影印本. 勉誠社1976
   ：②土井忠生. 森田武. 長南実編訳『邦訳日葡辞書』岩波書店1980
羅葡日対訳辞書〔1595〕：*Dictionarivm Latino Lvsitanicvm ac Japonicvm*
   天草1595 ボードリアン図書館蔵影印. 勉誠出版1979
ポルトガル語語源辞典 (1977)：Jose Pedro Machado, *Dicionario etimo-*
   logico da lingua Portuguesa, Livros Horizonte1977
出隆. 岩崎允胤訳. アリストテレス全集3『自然学』岩波書店1968
『枕草子』新編日本古典文学全集18. 小学館1997
池上 (1993)：池上岑夫『日本語小文典』上. 下. 岩波文庫1993
池上 (2002)：池上岑夫『SE 考―ポルトガル語の SE の正体を探る』大
  学書林2002

オイテンブルグ（1980）：T．オイテンブルグ著．石井健吾訳『16～17世紀の日本におけるフランシスコ会士たち』中央出版社1980

五野井（2010）：五野井隆史「日本におけるイエズス会とフランシスコ会」仙台市史編さん委員会編『仙台市史、特別編8．慶長遣欧使節』仙台市発行2010：149-150

関沢（2008）：関沢和泉「12世紀における文法（学）の普遍性―ファーラービーからグンディサリヌスへ―」『中世哲学研究 VERITAS』第二十七号．京大中世哲学研究会2008

新村・柊（1993）：新村出．柊源一校註『吉利支丹文学集2』東洋文庫570．平凡社1993

高橋（1967）：高橋正武『新スペイン広文典』白水社1967

田所（2004）：田所清克．伊藤奈希砂『現代ポルトガル語文法』白水社2004

土井（1942）：土井忠生『吉利支丹語學の研究』靖文社1942

土井（1982）：土井忠生『吉利支丹論攷』三省堂1982

土井（1982a）：土井忠生「ロドリゲスの日本語動詞活用論」『吉利支丹論攷』三省堂1982

土井（1982b）：土井忠生「長崎版『日本大文典』と天草版『ラテン文典』」『吉利支丹論攷』三省堂1982

中岡（1996）：中岡省治訳．エリオ・アントニオ・デ・ネブリハ著『カスティリァ語文法』大阪外国語大学学術出版委員会1996

中山（2007）：中山恒夫『古典ラテン語文典』白水社2007

松本（1991）：松本たま訳．マイケル・クーパー著『通辞ロドリゲス』原書房1991

柳田（1980）：柳田征司編『論集日本語研究13「中世語」』有精堂出版1980

Alvarez（1572）：『アルヴァレス・ラテン文典』Emanuel Alvarez, *De Institutione Grammatica Libri Tres* Olyssippone 1572（アジュダ文庫蔵．大塚光信氏蔵アジュダ文庫蔵本写真版のファクシミリ．京都大学国語学国文学研究室蔵）

Alvarez（1594）：『天草版ラテン文典』*De Institutione Grammatica Libri Tres Coniugationibus accessit interpretario Iapponica* 1594

Classica Japonica Facsimile series(アンジェリカ文庫.ローマ蔵)M. Alvarez Amakusa 天理図書館善本叢書1974

Alvarez (1595):『ローマ版アルヴァレス・ラテン文典』Emanuel Alvarez, *De Institutione Grammatica Libri Tres* Romae 1595 (ケンブリッジ大学図書館蔵)

Barros (1540):Joao de Barros, *Gramática da lingua Portuguesa* Lisboa. 1971

Barker (1977):Nicolas Barker, *BIBLIOTHECA LINDESIANA The lives and collections of Alexander William, 25th Earl of Crawford and 8th Earl of Balcarres, and James Ludovic, 26th Earl of Crawford and 9th Earl of Balcarres*. Bernard Quaritch 1977

Bowring&Laurie (2002):『初級日本語文法』Richard Bowring & Haruko Laurie, *An Introduction to Modern Japanese Book 1 Grammar Lessons*. Cambridge University Press 2002

Buescu (1972):Maria Leonor Carvalhão Buescu, *os《Grammatices Rudimenta》de Joao de Barros*, Arquivos do centro cultural Portugues Volume IV Paris 1972

Bursill-Hall (1971):G. L. Birsill-Hall, *Speculative Grammars of the Middle Ages*. The Hague/Paris 1971

Bursill-Hall (1972):「エルフルトのトマス、表示の諸形態あるいは思弁文法学について」G. L. Bursill-Hall. Thomas of Erfurt "*Grammatica Speculativa*"(羅英対訳)Longman (1972). 加藤雅人訳『中世思想原典集成19』上智大学中世思想研究所編. 平凡社1994(ただし全五十六章の内、第十二章までの訳)

Bursill-Hall (1977):G. L. Bursill-Hall, *Teaching Grammars of the Middle Ages. Notes on the manuscript tradition* Historiographia Linguistics IV:1:1977:1-29

Carochi [1645]:P. Horacio Carochi, *Arte de la lengua mexicana*. Bilingual edition by James Lockhart UCLA Latin American Center Publication 2001

Clemens (2009):J. Clancy Clemens, *The Linguistic Legacy of Spanish and Portuguese Colonial Expansion and Language Change*.

Cambridge University Press 2009
Covington (1984): Michael A. Covington, *Syntactic Theory in the High Middle Ages.* Cambridge University Press 1984
Dod (1982): Bernard G. Dod, *Aristoteles latinus Tha Cambridge History of Later Medieval philosophy* Cambridge University Press 1982
Gilberti [1558]: Maturino Gilberti, *Arte de lenhua de Michoacan.* ed. J. Benedict Warren Morelia Fimax Publicistas Editores 1987
Gilberti [1559a]: Maturino Gilberti, *Diccionario de la lengua tarasca ó de Michoacán* Tip de la Oficina impresora de estampillas 1901
Gilberti [1559b]: Maturino Gilberti, *Grammatica Maturini* Mexico 2003
Hutchinson and Lloyd (2003): Ameria P. Hutchinson, and Janet Lloyd, *Portuguese An Essential Grammar* Second Edition Routledge 2003
Hein (1977): Jeanne H Hein, Father Henriques' Grammar of Spoken Tamil 1548. *Indian Church History Review Vol. XI.* Number 2 August 1977
Jardine (1982): Lisa Jardine, 'Humanism and the teaching of logic' *The Cambridge History of Later Medieval Philosophy* Cambridge University Press 1982: 797-807
Keil (1855): Heinrich Keil, *Grammatici Latini ex recensine Henrici Keilii. Vol. II. Prisciani grammatice Caesariensis Institutionum grammaticarum libri XVIII ex recensine Martini Hertzii, vol. I libros I-XII continens.* Leipzig: Teubner 1855
Keil (1859): Heinrich Keil, *Grammatici Latini ex recensine Henrici Keilii. Vol. III. Prisciani grammatice Caesariensis Institutionum grammaticarum libri XVIII ex recensine Martini Hertzii vol. II libros XIII-XVIII continens* Leipzig Teubner 1859
Keil (1868): Heinrich Keil, *Grammatici Latini ex recensine Henrici Keilii. Vol. V. Regulae Averelii Augustini.* Leipzig Teubner 1868
Kinloch (1876): A. Kinloch, *A compendium of Portuguese Grammar,*

Williams and Morgate London 1876

Klaproth (1839) : *Catalogue des livres imprimés et manuscrits et des ouvrages Chinois, Tartares, Japonais, etc., composant la bibliothèque de Feu M. Klaproth* Paris 1839

Lagunas 〔1574〕: Juan Baptista de Lagunas, *Arte y Diccionario con ortas obras, en lengua Michoacana* ed. J. Benedict Warren. Morelia, Fimax Publicistas Editores 1983

Langrès (1825) : *Catalogue des livres imprimés et manuscrits composant la bibliothèque de Feu M. Louis Mathieu Langrès* Paris 1825

Laures (1957) : Johannes Laures S. J., 『吉利支丹文庫』*Kirishitan Bunko* Sophia University Tokyo 1957

Law (2003) : Vivien Law, *The History of Linguistics in Europe from Plato to 1600.* Cambridge University Press 2003

Lerner (2000) : Isaías Lerner, 'Spanish colonization and the indigenous languages of America' pp. 281-292 *The language encounter in the Americas 1492-1800* ed. Edward G. Gray & Norman Fiering Bergahan Books 2000

Lieber (2010) : Rochelle Lieber, *Introducing Morphology* Cambridge University Press 2010

Lockhart (2001) : James Lockhart, *Nahuatl as Written. Lessons in older written Nahuatl, with copious examples and texts* Stanford University Press 2001

Molina 〔1571a〕: Alonso de Molina, *Arte de la lengua mexicana y castellana* Madrid 1945

Molina 〔1571b〕: Alonso de Molina, *Vocabulario en lengua castellana y mexicana. siglo XVI Vol. 4* Madrid : Ediciones Vultura Hispanica 1944

Monzón (1999) : Cristina Monzón, 'Tradition and Innovations in Sixteenth Century Grammars of New Spain' Elke Nowak (Ed.) *Language Different in All Their Sounds... Descriptive Approaches to Indigenous Languages of the Americas 1500 to 1850.* Nodus Publikationen Münster 1999

Nayagam (1954) : Xavier S. Thani Nayagam, 'Tamil Manuscripts in

European Libraries.' *TAMIL CULTURE Vol. III. Nos. 3. 4.* October 1954

Nebrija (1481):「ネブリハラテン文典初版」Antonio de Nebrija, *Introductiones Latinae*. Salamanca. 1481. Ediciones Universidad de Salamanca（影印版）1981

Nebrija〔1488〕: Antonio de Nebrija, *Introductiones latinas contrapuesto el romance al latín* (c. 1488) Nordus Publikationen Münster 1996

Nebrija (1558):「ネブリハラテン文典1558」Antonio de Nebrija, *Introductiones Latinae* Granada 1558（アメリカ議院図書館蔵）

Nebrija〔1492〕:「ネブリハ・カスティリア語文典」Antonio de Nebrija, *Gramatica Castellana* Madrid 1946

Oliveira〔1536〕: Fernão de Oliveira, *Gramática da Lingoagem Portuguesa* Lisboa 1991

Olmos〔1547〕: Andrés de Olmos, *Arte aprender la lengua Mexicana* Madrid 1993

Percival (1984): W. Keith Percival, 'The reception of Hebrew in sixteenth-century Europe the impact of the Cabbala'., *Historiographia Linguistics II* 1984

Percival (2004): W. Keith Percival, 'Nebrija's Linguistic Œuvre as a Model for Missionary Linguists', *Studies in Renaissance Grammar*, Ashgate Variorum 2004

Percival (2004a): W. Keith Percival, 'Italian Affiliations of Nebrija's Latin Grammar' *Studies in Renaissance Grammar* Ashgate Variorum 2004

Percival (2004b): W. Keith Percival, 'Grammatical Tradition and the Rise of the Vernaculars'. *Studies in Renaissance Grammar* Ashgate Variorum 2004

Pfister (1976): Raimund Pfister, 'Zur Geschichte der Begriffe von Subjekt und Prädikat' *Münchener Studien zur Sprachwissenschaft* Heft 35 1976

Pinborg (1984): Jan Pinborg 'Some syntactical concepts in medieval grammar' *Medieval Semantics selected studies on medieval logic and grammar* Variorum Reprints London 1984

Rémusat (1833): *Catalogue des livres imprimés et manuscrits composant la bibliothèque de Feu M. Abel-Rémusat* Paris 1833

Rincón [1595]: P. Antonio Rincón, *Gramatica o Arte de la Lengua Mexicana* Mexico 1885

Saint-Martin (1832): *Catalogue des livres imprimés et manuscrits composant la bibliothèque de Feu M. Saint-Martin* Paris 1832

Salor (2008): Eustaquio Sanchez Salor, *Las Ediciones del Arte de Gramatica de Nebrija (1481〜1700). Historia Bibliografica.* Editoria Regional de Extremadura Merida 2008

Sanctius [1587]: Francisco Sánchez, 1976 [1587] *Minerva o De la propiedad de la lengua latina.* Madrid Cátedra 1976

Satow (1888): E. M. Satow, *The Jesuit Mission Press in Japan 1591〜1610* Privately Printed 1888

Scaliger (1540): Julius Caesar Scaliger, *De causus linguae Latinar libri tredecim 1540*（大英図書館蔵）

Shibatani (1990): Masayoshi Shibatani, *The languages of Japan* Cambridge University Press 1990

Springhetti (1960〜1961): Emilio Springhetti, 'Storia e fortuna della grammatica di Emmanuele Alvares S. J. '*Humanitas XIII-XIV* (1960〜1961). Faculdade de Lettras da Universidade de Coimbra

Vasconcelloz (1905): Antonio Garcia Ribeiro de Vasconcelloz, *Grammatica Historica da Lingua Portuguesa* Paris 1905

Williams (1938): Edwin B. Williams, *Latin to Portuguese, Historical Phonology and Morphology* University of Pennsylvania Press 1938

Woodcock (1959): E. C. Woodcock, *A New Latin Syntax*, London 1959

Zwartjes (2002): Otto Zwartjes, 'The Description of the Indigenous languages of Portugueses America by the Jesuits during the colonial period. The impact of the Latin grammar of Manuel Alvares.' *Historiographia Linguistica XXIX* : 1/2. 19-70. 2002 John Benjamins B. V. Amsterdam

あとがき

　本書は筆者が京都大学文学部に2012年12月に提出した課程博士論文『ロドリゲス日本大文典の研究』に基づいています。先人の研究を受けつぎつつ『日本大文典』を外国人宣教師ロドリゲスの視点から再構築しようと試みたものです。主任指導教員を務めてくださった木田章義教授からは常に厳しくも的確なご指導を賜りました。そのうえ本書には御序文を寄稿いただきました。衷心より感謝を申し上げます。

　また貴重な資料の閲覧を快く許してくださった第二十九代クロフォード伯爵と土井洋一先生に深く御礼を申し上げます。

　英文による梗概作成に関してはPaul VincentとZoë Ogaharaに助けてもらいました。

　最後に本書を2012年11月19日に亡くなった父、小鹿原健二の霊前に捧げます。

　　　2014年12月5日

　　　　　　　　　　小鹿原　敏夫（おがはら　としお）

［本書は京都大学文学部より2014年度優秀博士論文出版助成金をいただきました］

Arte da Lingoa de Iapam (1604) ; a study
Toshio Ogahara
précis

It has been often said that the one hundred-year period following the arrival of St Francisco Xavier in 1549 was the 'Christian' century in Japanese history. From this date the Jesuits, supported by both the Portuguese Crown and Portuguese merchants enjoyed a monopoly over missionary activities in Japan certainly until the Franciscan and the Dominican missions arrived in early 1590s.

In 1591 Alessandro Valignano S. J. made an extraordinary impact in Japan, when he established the Jesuits Mission Press employing a printing machine imported from Europe. Initially the Jesuits used only the Roman alphabet to express both Japanese and western (Portuguese and Latin) texts, but over time they were able to develop unique moveable Japanese type-faces too. In 1614, due to growing hostility and persecution, they were compelled to remove the printing press from Japan, but by this date around 50 different books had been published-of which some thirty are extant.

The Jesuits Mission Press consisted of two kinds of publications. Firstly, there were religious books intended to promote Christian faiths, such as *Doctrina Christan* (1592 and 1600) and *Contemp-*

tus Mundi (1598). Secondly there were publications for the benefit of foreign priests who needed to master the Japanese language. These included *Vocabulario da Lingoa de Iapam* (Portuguese-Japanese Dictionary) and *Esopono Fabulas* (Aesop's Fables 1593).

Among the many Christian missionary grammars in the world *Arte da Lingoa de Iapam* (1604) compiled by Joao Rodriguez stands out as being a monumental achievement.

Chapter 1. *Arte da Lingoa de Iapam* and missionary grammar books.

The nascent 'age of discovery' was accompanied by the energetic spread of missionary activities around the globe. The Catholic orders, inspired by the spirit of the Counter-Reformation, were the most determined of all to penetrate into new territories. To support them, many grammar books, from Arabic to Chinese, were produced by overseas missionaries. Almost all of these were based on the grammatical terminology and inflectional morphology of Latin. Indeed the word 'grammar' meant only Latin grammar at this time. Among the Jesuits in Japan, Joao Rodriguez was no exception, adopting the Latin grammar of Alvarez (1594 Amakusa) as a template for his own Japanese grammar. However it is important to note also the influence of medieval grammar (Grammatica Speculativa) in Rodriguez's *Arte da*

Lingoa de Iapam (This will be discussed in detail in Chapter 4).

Chapter 2. Grammatical descriptions in *Arte da Lingoa de Iapam*

Although the grammatical analysis in *Arte da Lingoa de Iapam* is based on Latin grammar, there were four major deviations from the traditional Latin grammar.

Firstly by adding both the article and particle to his grammar Rodriguez identified 10 parts of speech in Japanese – as opposed to 8 parts of speech traditionally identified in Latin. Secondly in *Arte da Lingoa de Iapam* the adjective is designated a verbal qualifier, whereas in Latin the adjective qualifies a noun. Thirdly *Arte da Lingoa de Iapam* introduced the notion of 'root' (rayz in Portuguese) in word formation (This will be discussed in detail in Chapter 3). Lastly, in *Arte da Lingoa de Iapam* the nominative case (nominativo in Portuguese) and the subject (supposto in Portuguese) both appear with separate semantic identities. The introduction of the concept of subject was possibly derived from the medieval Grammatica Speculativa. But Rodriguez fails to make a clear distinction, in grammatical usage, between 'nominative' (nominative) and 'supposto' (subject).

Chapter 3. On the 'root' in *Arte da Lingoa de Iapam*

In medieval Latin grammar verbs and nouns inflect, but the 'word' was understood to be the smallest unit for grammatical analysis. Dividing a word, therefore, into root and suffix was unknown with Greek/Latin grammar. In fact, the concept of root (radical) originated in Hebrew and Arabic grammatical traditions. In this chapter it is argued that Rodriguez, in adopting the concept of root, may have been inspired by missionary grammars in Mexico. Franciscan missionaries began producing grammar books in Mexico during the 1550s; these utilized the concept of root successfully to analyze polysynthetic languages (Nahuatl and Tarascan). It is suggested that Rodriguez was able to gain the idea of root from Franciscan friars in Japan in the early 1590s.

Chapter 4. Neuter verbs in *Arte da Lingoa de Iapam*

Rodriguez devised some ingenious methods of applying Latin morphology to Japanese verbs, particularly in relation to intransitive verbs. In his terminology 'adjective verb' is one of the three neuter verbs (universal neuter, absolute neuter and adjective neuter verbs). It is argued that Rodriguez may have utilized the glossary found in Nebrija's Introductiones Latinae (1558), which provided a similar categorization. It is also suggested that 'absolute neuter verb' was inspired by the Portuguese intransitive verb form 'transitive verb + Se'.

Chapter 5. The transition of 'conditional subjunctive mode' in *Arte da Lingoa de Iapam* (1603) to 'conditional mode' in *Arte Breve da Lingoa Iapoa* (1620)

In Latin grammar; the conditional is generally categorized as a subjunctive mode. But in *Arte da Lingoa de Iapam* (1604) Rodriguez found that, within the Japanese conditional sentence, protasis generally requires less logical apodosis (e. g. 'If I think of you it rains.'). It is possible that in view of this unique feature in Japanese, in the second half of *Arte da Lingoa de Iapam* (1604) Rodriguez decided to list 'conditional mode' separately from the subjunctive mode. In his later work *Arte Breve da Lingoa Iapoa* (1620) the conditional mode in Japanese represented as wholly independent of the subjunctive mode. This constitutes one of the Jesuits most astute observations of Japanese language.

Chapter 6. Intransitive and transitive constructions in *Arte da Lingoa de Iapam*

Rodriguez's explanation of transitive and intransitive constructions within sentence structure creates considerable confusion. It is argued that he sought an explanation from the Speculative grammarians of medieval Europe. The idea of the Speculative Grammar had been abandoned completely by this time, but they had attempted to integrate Aristotelian physics into linguistics, in other words to merge linguistics with logic. In Speculative Grammar the existence of more than two ontological nouns within the same sentence signifies transitive construction; a single ontological noun signifies intransitive construction. It seems that Rodriguez absorbed this idea half-heartedly from Latin grammar of Alvarez (1593).

Chapter 7. The volume of *Arte da Lingoa de Iapam* in the Crawford Collection

There are only two copies of *Arte da Lingoa de Iapam* survive. One is in the Bodleian Library Oxford, and the second is in Scotland, in the Collection of Lord Crawford. The copy in the Bodleian Library has been well researched, but the Crawford volume has not been examined in more than 20 years. I am greatly indebted to Lord Crawford for enabling me to gain access to this copy, to research its contents and the hand-written margin notes.

Supplementary chapter. A comparative study of Collado's *Ars grammaticae Iaponicae lingvae* (1632) and '*Arte de lengua Japona por las ocho partes de la oracion*' (British Library Sloane Ms. 3459).

Diego Collado O.P. (1589~1641) published his Japanese grammar in 1632. Even though it was inferior to the grammar of Rodriguez, Collado's Japanese grammar prevailed in Europe because it was written in Latin and published in Rome. The focus of this chapter is a comparison between the published copy of Collado's grammar in Latin and an anonymous manuscript copy in Spanish, that is kept at the British Library (Sloane Ms. 3459). Although the two copies are closely related, the Spanish manuscript has more coherent narratives and a better understanding of Japanese. For this reason, it is arguable that the authorship of the Spanish manuscript was not Collado himself.

-----END------

著者略歴

小鹿原　敏夫（おがはら　としお）

1959年大阪生れ。
2013年京都大学大学院文学研究科文献文化学科博士課程（修了）。博士（文学）。

Toshio Ogahara

Born in Osaka, Japan 1959.
Ph. D. Department of Letters Kyoto University 2013.

ロドリゲス日本大文典の研究　　　　　　和泉選書176

2015年3月20日　初版第一刷発行

著　者　小鹿原敏夫

発行者　廣橋研三

発行所　和泉書院
〒543-0037　大阪市天王寺区上之宮町7-6
電話06-6771-1467／振替00970-8-15043
印刷・製本　亜細亜印刷
装訂　井上二三夫

ISBN978-4-7576-0733-0　C3381　定価はカバーに表示

©Toshio Ogahara 2015 Printed in Japan
本書の無断複製・転載・複写を禁じます

══ 和 泉 選 書 ══

書名	著編者	番号	価格
遠聞郭公　中世和歌私注	田中　裕 著	141	2500 円
隠遁の憧憬　平安文学論考	笹川　博司 著	142	3500 円
太宰治と外国文学 　　翻案小説の「原典」へのアプローチ	九頭見和夫 著	143	2800 円
京都と文学	京都光華女子大学 日本語日本文学科 編	144	2500 円
在日コリアンの言語相	真田　信治 生越　直樹 編 任　　榮哲	145	2500 円
二十世紀旗手・太宰治 　　　　その恍惚と不安と	山内祥史・木村一信 笠井秋生・浅野　洋 編	146	3600 円
南島へ南島から　島尾敏雄研究	髙阪　　薫 西尾　宣明 編	147	2500 円
白樺派の作家たち 　　志賀直哉・有島武郎・武者小路実篤	生井　知子 著	148	3600 円
近代解放運動史研究 　　　梅川文男とプロレタリア文学	尾西　康充 著	149	2800 円
風の文化誌	梅花女子大学 日本文化創造学科 編 「風の文化誌」の会	150	2200 円

（価格は税別）

== 和泉選書 ==

書名	著者	番号	価格
小林秀雄 美的モデルネの行方	野村幸一郎 著	151	3500 円
松崎天民の半生涯と探訪記 友愛と正義の社会部記者	後藤　正人 著	152	3500 円
改稿 玉手箱と打出の小槌	浅見　　徹 著	153	3200 円
大学図書館の挑戦	田坂　憲二 著	154	2500 円
阪田寛夫の世界	谷　　悦子 著	155	2500 円
犬養孝揮毫の万葉歌碑探訪	犬養　　孝 山内　英正 著	156	2500 円
三島由紀夫の詩と劇	高橋　和幸 著	157	3800 円
太宰治の強さ 中期を中心に 太宰を誤解している全ての人に	佐藤　隆之 著	158	2800 円
兼載独吟「聖廟千句」 第一百韻をよむ	大阪俳文学研究会 編	159	4000 円
文学史の古今和歌集	森　　正人 鈴木　　元 編	160	3200 円

（価格は税別）

和泉選書

書名	著者	番号	価格
島尾紀 島尾敏雄文学の一背景	寺内 邦夫 著	161	2800円
清張文学の世界 砂漠の海	加納 重文 著	162	2800円
「仕方がない」日本人	首藤 基澄 著	163	2500円
宮沢賢治との接点	池川 敬司 著	164	3200円
藤村小説の世界	金 貞恵 著	165	3500円
越境した日本語 話者の「語り」から	真田 信治 著	166	2800円
上海アラカルト	追手門学院大学アジア学科 編	167	1500円
平家物語は何を語るか 平家物語の全体像〈PARTⅡ〉	武久 堅 著	168	2500円
寛と晶子 九州の知友たち	近藤 晉平 著	169	1800円
王朝文学の基層 かな書き土器の読解から随想ノートまで	藤岡 忠美 著	170	2500円

（価格は税別）